“晋源工匠”调查报告

工会如何为工匠人才建家赋能

山西省太原市晋源区总工会◎编著

中国工人出版社

课题组成员

组长：

刘志刚（中国工会十七大代表、十七届全总执委、十五届太原市总常委、太原市晋源区总工会主席）

副组长：

李素萍（太原市晋源区总工会　副主席）

萧　刚（太原市晋源区总工会　兼职副主席）

郑翠生（太原市晋源区总工会　兼职副主席）

李泽强（太原市晋源区总工会　兼职副主席）

朱　波（山西财经大学统计学院　副教授）

姜　欣（太原市晋源区职工创新交流中心　主任）

成员：

李佳佳（太原市晋源区职工创新交流中心）

李　鑫（太原市晋源区职工创新交流中心）

田思琪（山西财经大学统计学院）

雷　霖（山西守道文旅科技有限公司）

晋源简介

晋源区位于山西省太原市区西南，是太原市六城区之一，于1998年1月正式挂牌成立。区域面积290平方公里，总人口33万。

晋源，历史悠久，文化灿烂。具有2500多年的建城史，素有“唐尧故地”“三晋之源”的美誉，是古晋阳城的所在地和三晋文明的重要发祥地，是“桐叶封弟”和“三家分晋”的肇始之地，是赵之初都、西汉中都、北齐别都、盛唐北都。

晋源，山清水秀，生态宜居。全区林地面积达20.45万亩，各类公园游园绿地15处，绿地覆盖率达49.6%，人均公园绿地面积达28.57m^2，“远看西山如画屏，郁郁苍苍三十里”，已成为集山水风光与人文景观为一体，望得见山、看得见水、记得住乡愁的高品质城市会客厅。

2020年，晋源区“三带六园”（三大经济带：长风商务区总部楼宇经济带、晋阳湖夜经济和假日经济带、西山文化旅游经济带；六个产业园：大数据、先进制造、绿色包装印刷、现代物流、医药、花卉产业园）建设全面启动，“十四五”期间，将立足建设创新转型先行区、文旅融合示范区、生态宜居标杆区，在高质量转型发展上迈出更大步伐。

《魅力晋源》宣传片

目录

CONTENTS

第一篇　调查背景

第一节　贯彻党的人才发展方针

技能型人才是指掌握专门知识和技术，具备一定的操作技能，并在工作实践中能够运用自己的技术和能力进行实际操作的人员。近年来，党中央、国务院高度重视技能型人才队伍建设工作。习近平总书记指出："工业强国都是技师技工的大国，我们要有很强的技术工人队伍"，技术工人队伍是支撑中国制造、中国创造的重要力量，对推动经济高质量发展具有积极作用。"各级党委和政府要高度重视技能人才工作，大力弘扬劳模精神、劳动精神、工匠精神，激励更多劳动者特别是青年一代走技能成才、技能报国之路，培养更多高技能人才和大国工匠，为全面建设社会主义现代化国家提供有力人才保障。"2016 年 3 月 15 日，李克强总理在《政府工作报告》中明确使用了"工匠精神"一词，并提出"要鼓励企业开展个性化定制、柔性化生产，培育精益求精的工匠精神，增品种、提品质、创品牌"的重大任务。同年 12 月，他在推进职业教育现代化座谈会上强调，要把加快培育大批具有专业技能与工匠精神的高素质劳动者和人才，深度融入"大众创业、万众创新"和"中国制造 2025"的实践之中，促进新动能发展和产业升级，带动扩大就业和脱贫攻坚，为推动经济保持中高速增长、迈向中高端水平作出新贡献。2017 年 1 月，中共中央办公厅、国务院办公厅印发《关于实施中华优秀传统文化传承发展工程的意见》，此文件作为重大国策，传递出全面复兴传统文化的强烈信号。

传统工艺美术人才是技能人才队伍的重要组成部分。2017 年 3 月 12 日，文化部、工业和信息化部、财政部联合印发《中国传统工艺振兴计划》，明确了坚守工匠精神、激发创造活力和促进就业增收的基本原则。可见，厚植非遗工匠文化，培育文化工匠人才，既是培育高技能人才的需要，也是传统工艺振兴发展的需要。

2017 年 6 月 22 日，习近平总书记在山西视察时，同企业职工亲切交流，勉励他们发扬“工匠精神”，为“中国制造”作出更大贡献。2017 年 10 月 18 日，党的十九大报告提出，建设知识型、技能型、创新型劳动者大军，弘扬劳模精神和工匠精神，营造劳动光荣的社会风尚和精益求精的敬业风气。

2020 年 3 月 20 日，中共中央、国务院在《关于全面加强新时代大中小学劳动教育的意见》中提出要充分认识新时代培养社会主义建设者和接班人对加强劳动教育的新要求。明确根据各学段特点，在大中小学设立劳动教育必修课程，加强劳动教育。中小学劳动教育课每周不少于 1 课时，学校要对学生每天课外、校外劳动时间作出规定。职业院校以实习实训课为主要载体开展劳动教育，其中劳动精神、劳模精神、工匠精神专题教育不少于 16 学时。普通高等学校要明确劳动教育主要依托课程，其中本科阶段不少于 32 学时。

2020 年 11 月 24 日，习近平总书记在全国劳动模范和先进工作者表彰大会上讲话时提出，从 2021 年开始，我国将进入“十四五”

时期，这是乘势而上开启全面建设社会主义现代化国家新征程、向第二个百年奋斗目标进军的第一个五年。立足新发展阶段，贯彻新发展理念，构建新发展格局，推动高质量发展，在危机中育先机、于变局中开新局，必须紧紧依靠工人阶级和广大劳动群众，开启新征程，扬帆再出发。习总书记要求，大力弘扬劳模精神、劳动精神、工匠精神。“不惰者，众善之师也。”

2021 年 4 月，中共中央总书记习近平对职业教育工作作出重要指示，强调，要“培养更多高素质技术技能人才、能工巧匠、大国工匠。各级党委和政府要加大制度创新、政策供给、投入力度，弘扬工匠精神，提高技术技能人才社会地位，为全面建设社会主义现代化国家、实现中华民族伟大复兴的中国梦提供有力人才和技能支撑。”

在长期实践中，我们培育形成了爱岗敬业、争创一流、艰苦奋斗、勇于创新、淡泊名利、甘于奉献的劳模精神，崇尚劳动、热爱劳动、辛勤劳动、诚实劳动的劳动精神，执着专注、精益求精、一丝不苟、追求卓越的工匠精神。劳模精神、劳动精神、工匠精神是以爱国主义为核心的民族精神和以改革创新为核心的时代精神的生动体现，是鼓舞全党全国各族人民风雨无阻、勇敢前进的强大精神动力。习总书记指出，劳动是一切幸福的源泉。新形势下，我国工人阶级和广大劳动群众要继续学先进赶先进，自觉践行社会主义核心价值观，用劳动模范和先进工作者的崇高精神和高尚品格鞭策自己，焕发劳动热情，厚植工匠文化，恪守职业道德，将辛勤劳动、诚实劳动、创造性劳动作为自觉行为。各级党委和政府要尊重劳模、关爱劳模，贯彻好尊重劳动、尊重知识、尊重人才、尊重创造方针，完善劳模政策，提升劳模地位，落实劳模待遇，推动更多劳动模范和先进工作者竞相涌现。全社会要崇尚劳动、见贤思齐，加大对劳动模范和先进工作者的宣传力度，讲好劳模故事、讲好劳动故事、讲好工匠故事，弘扬劳动最光荣、劳动最崇高、劳动最伟大、劳动最美丽的社会风尚。要开展以劳动创造幸福为主题的宣传教育，把劳动教育纳入人才培养全过程，贯通大中小学各学段和家庭、学校、社会各方面，教育引导青少年树立以辛勤劳动为荣、以好逸恶劳为耻的劳动观，培养一代又一代热爱劳动、勤于劳动、善于劳动的高素质劳动者。

党的十九届五中全会提出，坚持创新在我国现代化建设全局中的核心地位，把科技自立自强作为国家发展的战略支撑。

山西历史文化厚重，文旅资源丰富，省政府于 2020 年 3 月 19 日印发《山西省振兴工艺美术行业工作方案》，提出将工艺美术人才融入山西文化产业各类别专业人才培养体系，规划了近期发展目标，即力争通过 3 至 5 年的努力，打造“山西三宝”著名品牌，打造 10 个富有特色、具有实力的工艺美术产业集群，培养 50 家工艺美术规模以上企业，建设 100 个工艺美术产业特色品牌和工艺美术大师工作室，培育 1000 家工艺美术门类特色企业，培养 10000 名工艺美术能工巧匠带头人，工艺美术行业整体实力显著增强，成为工艺美术强省。同年 10 月 15 日山西工艺美术联盟成立，通过展会交流、国际合作、进出口贸易、景区连锁等方式综合发力，营造良好的发展氛围。贯彻执行国家、省人才发展方针政策，高度重视工艺美术人才发展，进而为山西高质量转型发展夯实人才基础。

第二节　落实工匠人才强区战略

为了深入贯彻党和国家高技能人才工作的方针政策，中共山西省委于 2017 年 3 月印发《关于深化人才发展体制机制改革的实施意见》(晋发〔2017〕14 号)，深入实施人才强省战略，提出要紧紧围绕我省创新驱动发展和经济转型升级，着力培养一批创新创业领军人才和具有“工匠精神”的高技能人才。

晋源区是古晋阳城所在地，具有 2500 多年的建城史，是三晋文明的重要发祥地之一，素有“唐尧故地”“三晋之源”的美誉，2015 年成功入选山西 11 家“旅游综改示范区”，2019 年成功入选山西省首批文旅产业融合示范区，并积极创建国家全域旅游示范区。作为山西省会城市建设的核心承载区，晋源区长期重视技能人才、传统手工艺人才队伍建设，并积极做好劳模、工匠的选树工作，营造了比较有利于工匠成长的土壤和小气候。截至目前，已有 13 名在生产服务岗位一线工作的高技能人才获太原市委、市政府授予的“晋阳工匠”荣誉称号。晋源区总工会已创建职工创新工作室 61 个，其中省级 3 个，市级 12 个，区级 46 个；开展三届工匠选树工作，56 名在生产服务岗位一线工作的技能劳动者获得了区委、区政府授予的

“晋源工匠”荣誉称号，其中文化类工匠 40 名，涉及陶瓷烧制、剪纸刻绘、雕刻塑造、食品制作等众多领域。文化工匠是文化创意产业的重要组成部分，是非物质文化遗产的重要承载者和传递者，掌握并承载着非物质文化遗产的历史信息和精湛技艺，在传承晋源民间技艺及历史文化记忆等方面具有重要价值，在促进晋源“非遗 + 文创”“非遗 + 旅游”“文化 + 研学”“文化 + 旅游”融合发展方面有着特殊贡献。可见，“晋源工匠”培育工作，不仅有助于引导工匠把认真、敬业、执着、创新作为职业追求和责任担当，让劳动最光荣、劳动最崇高、劳动最伟大、劳动最美丽的价值观建设蔚然成风，增强技能人才的职业自豪感和创新活力；还有助于弘扬优秀传统文化，让文化工匠抱团发展、集聚发展成为传统工艺振兴新路径，进一步推动传统手工艺与现代文创产业融合发展，进而实现全区文化旅游事业大发展、大繁荣。

第三节　精准服务“晋源工匠”人才

“工匠精神”是社会文明进步的重要尺度，是中国制造阔步前行的精神源泉，是企业竞争发展的品牌资本，是民间手工艺人才传承创新的力量所在。

晋源区技能人才济济，营商环境不断优化。在区委、区政府和上级工会重视支持下，随着晋源区总工会选树“晋源工匠”和创建职工创新工作室的逐年推进，技能人才成长和发挥作用的良好社会环境、政策环境逐步形成。培育“晋源工匠”不是最终目的，而是造就更多技能人才的开端。为了激活用好工匠人才，让更多本土技能人才脱颖而出，弘扬劳模精神、工匠精神，晋源区总工会践行新思想、担当新使命、建功新时代，积极参与社会治理、经济建设和文化建设，依托晋源区总工会所聘20人高级智库专家团队，并联合山西财经大学统计学院、山西守道文旅科技有限公司、山西京品学院等开展晋源区工匠人才发展情况调查分析，为“十四五”期间进一步重视此项工作提供必要依据。

本次调查以倾听工匠人才心声为宗旨，精准服务“晋源工匠”人才为目的，聚焦工匠群体的操心事、烦心事、揪心事，深入了解晋源区工匠人才的技艺现状、传承情况、收入水平、产业带动和工作满意度等信息，有效挖掘工匠人才在新时代、新环境、新市场条件下面临的主要问题和政策诉求；科学编制晋源区工匠人才发展指数，全面了解掌握工匠人才资源状况，动态监测工匠人才队伍建设水平，为晋源区在“十四五”乃至今后相当长时间大力实施人才强区战略、开创人才工作新局面提供人才智力支持，为全区推动文化旅游融合发展、提升文化软实力、打造文化新高地提供决策依据和数据支撑。

第二篇　调查概述

第一节 调查目的

工匠人才是社会的宝贵财富。自古暨今，大到一项工程建设，小到一个工具的发明创造，都是工匠技艺的精湛追求和体现，更饱含着他们的奉献精神和爱国情怀。实施晋源区工匠人才发展情况调查项目，目的在于进一步弘扬劳模精神、工匠精神，讲好劳模故事和工匠故事，发挥劳模、工匠的示范引领带动作用，深入了解晋源区工匠人才的技艺现状、传承情况、收入水平、产业带动、经营状况、政策参与和职业满意度等信息，有效挖掘工匠人才在新时代、新环境、新市场、新业态面临的主要问题和政策诉求，科学编制晋源区工匠人才发展指数，全面了解掌握工匠人才的资源状况，动态监测工匠人才队伍建设水平，为全区精准服务技能人才、大力实施人才强区战略、开创技能人才工作新局面提供人才智力支持，为我区“十四五”期间全力推进文旅产业融合示范区建设和国家全域旅游示范区建设提供决策依据和数据支撑。从工会层面而言，就是如何建好工匠之家，为各类工匠人才脱颖而出、建功新时代搭建平台、提供舞台、当好“后台”，实现工匠人才积极参与“三带六园”建设，赋能当地实体经济之目的。

第二节　调查内容

围绕调查目的，本次调查内容如下：

1. 技艺现状。主要调查工匠人才的技艺水平、技艺特色、绝技绝活及技艺在行业、全市乃至全省、全国所处的水平和地位。

2. 发展情况。主要调查工匠人才的作品创作、作品销售等发展变化情况。

3. 产业带动。主要调查工匠人才的经营模式、销售模式、带动就业和经营创收情况。

4. 知识产权。主要调查工匠人才对知识产权问题的认知，及专利申请、软著申请、商标注册等情况。

5. 传承情况。主要调查工匠人才的技艺传承、招徒带徒和学徒流动性情况。

6. 发展瓶颈。主要调查工匠人才在传承、创作、创新和销售等方面遇到的问题。

7. 职业满意度。主要调查工匠人才对工作本身、收入水平、社会认可、工作条件和自我实现等满意程度。

8. 政策诉求。主要调查工匠人才对政府支持人才发展相关扶持政策的参与、评价和诉求情况。

链接：

晋源区工匠发展情况与政策需求调查问卷（非遗类）

您好！为了更好地开展技能人才培育工作，弘扬劳模工匠精神，发挥工匠示范引领带动作用，太原市晋源区总工会践行新思想、建功新时代，积极参与社会治理，并组织开展晋源区发展情况与政策需求问卷调查，目的是进一步了解"晋源工匠"的技艺现状、收入水平、产业带动、传承情况、发展瓶颈和政策诉求，为太原市晋源区总工会精准服务技能人才提供数据支撑和全力推进"工匠一条街""工匠大院"等项目建设提供信息参考。谢谢您抽出时间接受调查员的访谈。

1. 技艺现状

主要调查工匠的技艺水平、技艺特色、绝技绝活及技艺在行业、全市乃至全省、全国所处的水平和地位。

A01. 您从事哪一类传统工艺／技艺创作？［多选题］

□1. 纺染织绣　□2. 服饰制作　□3. 编织扎制

□4. 雕刻塑造　□5. 家具建筑　□6. 金属加工

□7. 剪纸刻绘　□8. 陶瓷烧造　□9. 文房制作

□10. 漆器髹饰　□11. 印刷装裱　□12. 食品制作

□13. 中药炮制　□14. 器具制作　□15. 其他________

A02. 您所掌握的技艺目前处于什么水准？［单选题］

□一般水平　□全县／区最高　□全市最高

□全省最高　　□全国最高　　□不确定

A03. 您创作的传统工艺品在哪些方面能体现晋源地域特色？［多选题］

□ 1. 技艺　　□ 2. 造型　　□ 3. 纹样

□ 4. 原材料　　□ 5. 其他________

2. 传承情况

主要调查工匠的技艺传承、招徒带徒情况。

A04. 您自何年学习 / 从事该项传统工艺 / 技艺？［填空题］

A05. 您为何学习 / 从事该项传统工艺 / 技艺？［多选题］

□ 1. 兴趣　　□ 2. 营生 / 增加收入

□ 3. 其他________

A06. 您从何处学习 / 传承该项传统工艺 / 技艺？［多选题］

□ 1. 父母 / 长辈　　□ 2. 师父　　□ 3. 院校老师

□ 4. 培训班老师　　□ 5. 邻里　　□ 6. 朋友

□ 7. 书本　　□ 8. 网络　　□ 9. 其他________

A07. 目前，有多少人跟随您学习该传统工艺 / 技艺？_____人。其中，今年新招的学徒_____人。［填空题］

A08. 传授技艺时，您主要采取？［多选题］

□ 1. 言传身教　　□ 2. 口耳相传　　□ 3. 技艺演示

□ 4. 远程教学　　□ 5. 培训班教学　　□ 6. 其他________

A09. 在这些学徒 / 学员中，培养业余爱好的占_____成，作为营生目的的占_____成。［填空题］

A10. 相对于过去一年，学徒 / 学员的变化情况如何？［矩阵量表题］

序号	评价层面	在对应的□中打√				
A10-1	学徒 / 学员人数	□增加	□稍增加	□持平	□稍减少	□减少
A10-2	学徒 / 学员流动性	□增加	□稍增加	□持平	□稍减少	□减少
A10-3	学徒 / 学员学艺热情	□增加	□稍增加	□持平	□稍减少	□减少

3. 产业带动

主要调查工匠经营、销售模式、带动就业和创收情况。

B01. 对于该传统工艺 / 技艺，您目前的创作模式是？［多选题］

□ 1. 业余时间创作　　□ 2. 家庭作坊

□ 3. 个体工商 / 工作室　　□ 4. 有限责任公司

□ 5. 其他________

B02. 您后期是否有公司化运作的打算？［单选题］

□是　　□否　　□不确定

B03. 截至 2019 年底，贵作坊 / 工作室 / 公司从事该传统工艺 / 技艺的人数是____人。［填空题］

B04. 2019 年，贵作坊 / 工作室 / 公司创作的传统工艺品价值____万元，其中传统工艺品销售额是________万元。［填空题］

B05. 该传统工艺品主要销售渠道是？［多选题］

□ 1. 淘宝、天猫、京东等电商平台

□ 2. 直播 / 短视频　　□ 3. 微信朋友圈销售

□ 4. 自有店铺销售　　□ 5. 展览 / 展销会

☐ 6. 商贩　　☐ 7. 朋友订购

☐ 8. 销售给景区店铺　　☐ 9. 销售给特产店

☐ 10. 销售给礼品店　　☐ 11. DIY 手工坊

☐ 12. 其他________

B06. 最近 1 年，公共媒体是否宣传 / 报道过您的事迹或作品？［单选题］

☐是　　☐否

B07. 公共媒体的宣传 / 报道是否促进了您的作品销售？［单选题］

☐是　　☐否

B08. 据您了解，消费者购买该传统工艺品的主要原因是？［多选题］

☐ 1. 个人收藏　　☐ 2. 送人礼物　　☐ 3. 生活需要

☐ 4. 信仰需要　　☐ 5. 习俗需要　　☐ 6. 其他________

B09. 相对于 2018 年，请您对 2019 年传统工艺的销售和制作情况评价。［矩阵量表题］

注：表演类非遗项目围绕演出情况填写。

序号	评价层面	在对应的☐中打√					
B09-1	销售价格	☐上升	☐稍上升	☐持平	☐稍下降	☐下降	☐不确定
B09-2	销售量	☐上升	☐稍上升	☐持平	☐稍下降	☐下降	☐不确定
B09-3	销售额	☐上升	☐稍上升	☐持平	☐稍下降	☐下降	☐不确定
B09-4	销售渠道（拓宽程度）	☐拓宽	☐稍拓宽	☐持平	☐稍变窄	☐变窄	☐不确定

续表

序号	评价层面	在对应的□中打√					
B09-5	制作工艺（改进程度）	□改进	□稍改进	□没变	□稍下降	□下降	□不确定
B09-6	制作流程（改进程度）	□改进	□稍改进	□没变	□稍下降	□下降	□不确定
B09-7	款式样式（增加程度）	□增加	□稍增加	□持平	□稍减少	□减少	□不确定
B09-8	题材图案（增加程度）	□增加	□稍增加	□持平	□稍减少	□减少	□不确定

4. 知识产权。

主要调查工匠的专利申请、软著申请、商标注册等情况。

B10. 您觉得知识产权在传统手工艺保护中有何作用？［多选题］

□ 1. 防核心工艺外泄

□ 2. 防同行模仿、仿制

□ 3. 利于品牌建立、市场开拓

□ 4. 利于工艺品质押融资

□ 5. 利于提高工艺品附加值

□ 6. 其他________

B11. 现在你拥有的知识产权是什么？［多选题］

□ 1. 商标权　　□ 2. 著作权　　□ 3. 发明专利

□ 4. 实用新型专利　□ 5. 外观设计专利　□ 6. 其他________

□ 7. 都没有

5. 发展瓶颈。

主要调查工匠传承、创作、创新、销售等方面遇到的问题。

B12. 对于该传统工艺 / 技艺，目前面临主要的问题是？[多选题]

□ 1. 缺乏传承人　　□ 2. 消费者需求下降

□ 3. 机器批量生产冲击　　□ 4. 销售渠道狭窄

□ 5. 行业政策乏力　　□ 6. 创新理念不足

□ 7. 人力成本上升　　□ 8. 模仿、侵权行为频繁发生

□ 9. 其他________

B13. 对于该项传统工艺 / 技艺，您的看法是？[矩阵量表题]

序号	在对应的□中打√				
B13-1	□非常认可	□认可	□不确定	□不认可	□非常不认可
B13-2	□非常认可	□认可	□不确定	□不认可	□非常不认可
B13-3	□非常认可	□认可	□不确定	□不认可	□非常不认可

B14. 在振兴传统工艺方面，请谈一下您后期的发展计划。[填空题]

____

B15. 从事该传统工艺 / 技艺，您的满意程度如何？[矩阵量表题]

序号	评价层面	在对应的□中打√				
B15-1	工作本身	□非常满意	□满意	□不确定	□不满意	□非常不满意
B15-2	报酬	□非常满意	□满意	□不确定	□不满意	□非常不满意
B15-3	社会认可	□非常满意	□满意	□不确定	□不满意	□非常不满意
B15-4	工作条件	□非常满意	□满意	□不确定	□不满意	□非常不满意

续表

序号	评价层面	在对应的□中打√				
B15-5	自我实现	□非常满意	□满意	□不确定	□不满意	□非常不满意

B16. 大数据时代，数据分析技术将在传统工艺振兴发展方面有着广泛应用，如以下几种，其中，对您有帮助的是？[多选题]

□ 1. 精准分析消费者需求

□ 2. 建立传统工艺数据库

□ 3. 定期发布传统工艺行业分析报告

□ 4. 出台传统工艺元数据标准

□ 5. 知识产权保护

□ 6. 传统工艺品估价

□ 7. 传统工艺 2D/3D 信息采集

□ 8. 建立传统工艺创作素材库

6. 政策实施。

主要调查政策实施中工匠的政策诉求、对“工匠一条街”项目的态度等问题。

C01. 据您了解，2019 年地方政府在促进传统工艺发展方面做了以下哪些工作？[多选题]

□ 1. 搭建信息交流平台

□ 2. 搭建工艺品展示 / 销售平台

□ 3. 建设传统工艺产品孵化基地

□ 4. 组织传统工艺者参加技艺培训

□ 5. 组织传统手工艺走进社区和课堂

□ 6. 组织传统工艺者赴外地采风考察

□ 7. 举办传统工艺赛事

□ 8. 给予传统工艺者荣誉或物质奖励

□ 9. 政府购买传统工艺品

□ 10. 给予传统工艺企业资金扶持（如贷款贴息、税负减免、生产补助、带徒补贴等）

□ 11. 组织传统工艺者参加博览会、交流会等

□ 12. 其他

C01-1. 其中，您享受到的政府扶持政策是？[多选题]

□ 1. 搭建信息交流平台

□ 2. 搭建工艺品展示 / 销售平台

□ 3. 建设传统工艺产品孵化基地

□ 4. 组织传统工艺者参加技艺培训

□ 5. 组织传统手工艺走进社区和课堂

□ 6. 组织传统工艺者赴外地采风考察

□ 7. 举办传统工艺赛事

□ 8. 给予传统工艺者荣誉或物质奖励

□ 9. 政府购买传统工艺品

□ 10. 给予传统工艺企业资金扶持
（如贷款贴息、税负减免、生产补助、带徒补贴等）

□ 11. 组织传统工艺者参加博览会、交流会等

□ 12. 其他

C02. 相比 2018 年，2019 年地方政府促进传统工艺发展的工作

力度如何？［单选题］

□加大　□略加大　□持平

□略松减　□松减

C03. 请您评价地方政府在促进传统工艺发展方面所做的工作。［单选题］

□非常满意　□满意　□一般

□不满意　□非常不满意

C03 中若不满意，请回答原因。［填空题］

C04. 太原市晋源区总工会长期致力于晋源地区民间文化抢救和非遗的挖掘工作，在促进传统工艺发展方面，您希望总工会加强哪方面工作？［矩阵量表题］

序号	评价层面	在对应的□中打√				
C04–1	搭建平台	□迫切需要	□需要	□无所谓	□不需要	□非常不需要
C04–2	组织培训	□迫切需要	□需要	□无所谓	□不需要	□非常不需要
C04–3	组织交流	□迫切需要	□需要	□无所谓	□不需要	□非常不需要
C04–4	行业指导	□迫切需要	□需要	□无所谓	□不需要	□非常不需要
C04–5	举办赛事	□迫切需要	□需要	□无所谓	□不需要	□非常不需要
C04–6	表彰奖励、工匠选树	□迫切需要	□需要	□无所谓	□不需要	□非常不需要

续表

序号	评价层面	在对应的□中打√				
C04-7	拓宽展示、销售渠道	□迫切需要	□需要	□无所谓	□不需要	□非常不需要
C04-8	资金扶持	□迫切需要	□需要	□无所谓	□不需要	□非常不需要

C05. 为了更好地服务“晋源工匠”，发挥高技能人才和工匠代表的引领示范作用，打造工匠集聚新高地，太原市晋源区总工会将建设“工匠一条街”“工匠大院”等项目，对此，您有何建议？希望基地提供哪些服务？［填空题］

____

____

____

____

C06. 工匠一条街建成后，您是否有入驻计划？［单选题］

□有　　　　　　□没有

7. 个人情况。

主要调查工匠的荣誉、年龄、职称等。

D01. 姓名：________［填空题］

联系电话：____________（便于后期回访）［填空题］

D02. 您的性别是？［单选题］

□男　　　　　　□女

D03. 您的出生年份是________________年。［填空题］

D04. 您的最高学历是________。［单选题］

□小学　□初中　□高中 / 中专　□大专　□大学

□研究生以上

D05. 您的月收入大概是多少？________元 / 月，其中从事传统工艺创作相关收入大概是多少？________元 / 月 [填空题]

D06. 除了您，家中还有几人从事该传统工艺？[单选题]

□ 1 个　□ 2 个　□ 3 个

□ 4 个及以上　□没有

D07. 目前你在传统工艺方面获得过的最高奖项是？[填空题]

____

D08. 您的职称是________？[单选题]

□高级工艺美术师　□工艺美术师

□助理工艺美术师　□工艺美术员

□都不是

D09. 您目前是否被评为非遗传承人？[单选题]

□国家级　□省级　□市级

□县级　□都不是

调查到此结束，再次感谢您的参与。

第三节　项目流程

本次调查主要分为六个阶段，具体包括：

1. 项目准备（2020.8.20—2020.8.25）。太原市晋源区总工会、山西财经大学统计学院和山西守道文旅科技有限公司组建项目小组，经过多次沟通后确定调查目的和调查内容。

2. 问卷设计（2020.8.26—2020.8.30）。根据调查目的和调查内容，项目小组设计“晋源区工匠人才发展情况调查问卷”。

3. 制订调查方案（2020.9.1—2020.9.5）。根据晋源区工匠人才的空间分布，项目小组优化调查路线，并明确调查联络人和调查时间表。

4. 正式调查（2020.9.6—2020.9.25）。项目小组组建 2 支调查队伍开展实地调研，每支队伍包括晋源区总工会工作人员 2 名、高校研究人员 1 名和企业调查人员 2 名。

5. 数据整理（2020.9.26—2020.10.6）。项目小组研究人员使用 SPSS、Excel 等软件对调查数据实施整理和清洗，对异常数据回访核实，确保数据无误。

6. 报告撰写（2020.10.7—2020.11.30）。项目小组研究人员根据调查资料撰写和完善“晋源区工匠人才发展情况调查报告”。

第四节　样本分布

本次抽样调查全区技能型人才 92 名（以下简称为“百名工匠人才”），对象为晋源区工匠人才，主要包括全区技能劳动者、“文化艺术人才库”的手工艺人、传统工艺类非遗传承人等，问卷调查主要采用网络调查和实地调查相结合的方法。

第五节　质量控制

1. 访员队伍组建质量控制

本次专项调查，访员队伍由太原市晋源区总工会、山西财经大学统计学院和山西守道文旅科技有限公司共同组建，既有熟悉晋源区方言的人才，又有熟知工匠技艺的人才，还有熟悉问卷调查、掌握深度访谈技巧的人才。

2. 问卷调查质量控制

实地调研时，项目组充分利用智能手机、数码相机、平板电脑和录音笔等调查设备，采集的数据资料可作为调研的原始记录，便于分析、核对和保存。

3. 数据分析质量控制

数据分析人员全部采用 SPSS、R 语言等专业统计软件开展数据分析，综合采用描述统计和推断统计等分析方法，确保数据分析结果可信有效。

第六节　信度和效度检验

表 2–1　信度与效度检验

信度检验（Cronbach's Alpha）		效度检验（KMO 和 Bartlett 球形检验）	
克隆巴赫系数	题目个数	取样足够度 KMO 度	Bartlett 球形检验显著性
0.796	6	0.748	0

注：显著性水平为 α =0.05。

为了衡量问卷整体质量，有必要进行问卷信度和效度检验。问卷信度，指采用同样的方法对同一对象重复测量时所得结果的一致性程度。克隆巴赫系数（Cronbach's Alpha）是最常用的信度检验方法，该系数越大，表示问卷所有题目之间的同质性程度越高。通过对数据进行信度检验，所得系数为 0.796，表明该问卷设计较合理，数据具有较高的可信度。问卷效度是指问卷能准确测出其所要测量属性的程度。效度主要分为两个类型：内容效度和结构效度。在内容效度方面，问卷围绕晋源区工匠人才的技艺现状、收入水平、产业带动、传承情况、发展瓶颈与政策诉求等设计了 40 道题目，其中关于满意度的测评有 6 道题目。在结构效度方面，有必要采用 KMO 和 Bartlett 球形检验。由表 2-1 可知，KMO 值为 0.748，Bartlett 球形检验 P 值小于 0.05。可见，问卷通过内容效度和结构效度检验。

第三篇 『晋源工匠』人才培育

第一节　重视工匠引领

2016年6月，山西省人民政府办公厅印发《山西省贯彻实施质量发展纲要2016年行动计划》（晋政办发〔2016〕90号），提出将实施高技能人才开发工程，推进技能大师工作室建设项目，探索建立“山西工匠”评选机制。2017年3月，中共山西省委印发《中共山西省委关于深化人才发展体制机制改革的实施意见》（晋发〔2017〕14号），提出在“十三五”期间紧紧围绕我省创新驱动发展和经济转型升级，着力培养一批创新创业领军人才和具有“工匠精神”的高技能人才。2019年3月22日，时任山西省委书记骆惠宁在“山西英才”支持计划启动动员大会上指出，创新出人才，出技术能手、业务标兵，出专利大王、大国工匠。“三晋英才”是省级综合性人才荣誉。我们就是要让广大优秀人才“名利双收”，受到尊崇和厚待！

2018年、2019年、2020年，由太原市总工会牵头，先后评出“晋阳工匠”三批共220名，以市委、市政府名义对他们进行了表彰。太原市晋源区总工会深入学习贯彻习近平总书记视察山西重要讲话指示，聚焦“六新”（新基建、新技术、新装备、新产品、新材料、新业态）率先突破，为职工搭建广阔的创新创业平台，彰显工会作为，激发出强大的职工创新活力。

近年来，太原市晋源区总工会以党的十九大和中国工会十七大精神为引领，在区委、区政府和省总工会、市总工会的重视和支持下，抓住机遇，统筹推动，整合资源，持续用力。依托职工创新工作室和“晋源工匠”两个抓手，太原市晋源区总工会积极推进百名工匠人才培育专项行动，初步蹚出一条技能人才培养新路，积极发挥劳模、工匠人才的示范引领带动作用，助力晋源区高质量转型发展。

链接：

我的劳模工匠情缘

进入 2020 年最后两个月，太原市晋源区总工会捷报频传：先是 11 月 24 日，郑梅梅荣获全国劳模称号，在人民大会堂受到隆重表彰。这是新晋源 1998 年建区以来诞生的第二位全国劳模。11 月 27 日，段贵军喜获山西省五一劳动奖章。12 月 11 日由晋源区选送的 6 名市劳模、8 名“晋阳工匠”受到市委、市政府命名表彰。参加太原市百万职工聚焦“六新”助力转型晋源赛区（非遗工美类）的 15 名优秀选手，斩获第三届“晋阳工匠”殊荣。奋斗的人生最美丽。我和我的同事真是开心极了。春天播上种子，经过夏秋的辛勤耕耘，我们终于收获了丰硕成果。

眼前这一切，看似预料之外，却也在情理之中。

我的家乡娄烦县顺道村是个手工业相对发达的村庄。早在抗战时期，有着“地雷大王”美名的爷爷就曾是一名以造地雷手艺闻名的石匠。早在20世纪六七十年代，村里煤矿、铁厂、瓷窑等产业门类比较齐全。在我青少年时代就接触过不少铁匠、石匠、木匠和陶瓷匠人。正因如此，我身上有着浓浓的工匠情结。孩提时的我，对那些能打家具、打农具、兴修水利工程的工匠们颇有一些敬畏感。机缘巧合，让我在工会岗位上能为他们服务，真乃幸事。

劳模工匠是我们这个伟大新时代劳动者大军中的宝贵财富。党的十九大报告提出，要弘扬劳模精神和工匠精神。晋源区曾是农业文明和乡镇企业的活跃地区，目前仍处于转型发展的关键时期。这些年来，在区委、区政府关心支持下，区总工会注重劳模工匠的培养和选树，既拓展量，更提升质。2015年以来，共选树全国劳模2名，省特级劳模3名，省劳模5名，省五一劳动奖章获得者6名，市劳模6名。选树“晋阳工匠”13名，“晋源工匠”56名。萧刚、吴艾祥、张旺3名职工创新工作室进入省级职工创新工作室行列。姜欣等2名职工的创新者工作室跻身全市优秀工作室“十佳”。杨晋强等11名职工的创新工作室位列市级职工创新工作室。于2017年初成立的晋源区职工创新交流中心，是全省县级工会首家职工创新交流平台，被誉为工匠人才的摇篮，曾获全总、省总、市总领导充分肯定，先后接待了省内外数十家工会同行参观考察。

选树劳模，我们是用心的。以2015年全国劳模郑翠生和2020年全国劳模郑梅梅为例，两名同志都是省城太原“三农”战线的标兵和旗帜。我们通过挖掘整理其感人事迹，及时向区委和上级劳动竞赛委员会上报，最终都以全市十县区唯一代表的身份昂首迈进人民大会堂。“鸡司令”郑翠生于2013年被评为太原市劳模，2014年被评为山西省特级劳模，2015年获评全国劳模。次年经各级工会组织推荐，进入2016届中国劳动关系学院劳模本科班深造，圆了他一位落榜学子的大学梦。目前，他还担任晋源区人大常委和晋源区总工会兼职副主席一职。“花仙子”郑梅梅于2012年荣获山西省五一劳动奖章，2019年荣获山西省特级劳模称号，前不久，还荣获2020年度全国劳模称号。她目前还担任太原市人大代表，是晋源区发展花卉产业的领军人物，在发展壮大美丽经济的道路上披荆斩棘，堪称巾帼建功。

选树工匠，我们是用心的。由于转型之路艰难，我区主导产业尚未形成，在已获批的56名“晋源工匠”中，工业科技类的仅占三分之一，非遗工美类工匠却占到三分之二。以非遗手工艺为主要职业特征的文化类工匠人才，散落于民间，长期得不到社会应有的关爱、尊重，更谈不上有效政策扶持了。通过党的群众路线教育和“学习讨论落实”活动，我们组织了多批次的工匠寻访和职工创新大赛活动，不断发掘表彰和大胆使用工匠人才，使其创业成长有平台、展示交流有舞台。如晋源区总工会承办的首届山西水彩艺术节、第三届全国沙画大赛、“中国梦·劳动美”第六届全国职工微影视大赛、第二届太原市动漫产业大赛和太原市首届非遗工美大赛；组团参加省市“五小六化”竞赛成果展、第七届省厨艺大赛，积极参与全区文旅推介、工匠进校园、进青运村、进美丽乡村寺底、进晋阳湖新时代文明实践中心等活动；与山西财经大学统计学院联合开展了工匠课题研究，形成了4万字的专题报告……连第十七届全总执委会第四次会议上，我提交的提案内容都是为民间手工艺工匠发声的。

在劳模工匠选树过程中，我也在不断学习“劳模精神”和“工匠精神”，争做像他们一样有益于人民的人。于是，2018 年市里推荐我获得了山西省五一劳动奖章。2019 年我更光荣地成为山西省劳模。其间比较有感触的事很多。比如：郑翠生在中国劳动关系学院劳模本科班上学时，2018 年 4 月，他所在班给习总书记写信汇报学习工作情况，总书记回信给予亲切勉励：“劳动最光荣、劳动最崇高、劳动最伟大、劳动最美丽。”2020 年 7 月，他们班的云毕业典礼，学院特别邀请我作为学员选送单位唯一代表作了视频发言。又比如：今年全国劳模和先进生产者表彰大会上，习近平总书记再次做了重要讲话，生动地诠释了劳模精神、劳动精神和工匠精神的深刻内涵，使我身边的劳模工匠在座谈学习时深受鼓舞。再比如：农民工吴艾祥通过区工会平台，不断增加信心，拥有了发明专利，成为“时代新人·晋阳工匠”、“二青会”火炬手、“三晋英才”，被批准入住人才公寓。设计师刘洋通过工会平台，拥有了省财贸工会、市总工会、区总工会三级职工创新工作室的牌子，同样成为“时代新人·晋阳工匠”、“二青会”火炬手。她所在工作室还被区总工会命名为工匠孵化园，承载了成就更多工匠人才和职工创新人才的神圣使命。雕刻工艺师李琦在非遗工美领域屡有建树，被推荐为“二青会”火炬手，最近又荣获第三届“晋阳工匠”。我曾在《山西日报》新媒体平台和《太原晚报》以《晋源有个葫芦王》为题撰文，高度赞扬他。

心里有阳光，前程有光芒，既然选择了热爱，那就要倾注所有。

收官“十三五”，面向“十四五”，以劳模工匠人才需求为导向，进一步聚焦晋源经济社会高质量发展，尤其是实体经济振兴，我牵挂他们所思所盼的事还很多，积极营造属于他们的劳模大院和工匠之家任重而道远。

（刘志刚）

第二节　打造区域特色

没有社会主义文化繁荣发展，就没有社会主义现代化。工匠作品是民族文化的重要载体。人们可以通过精湛的手工技艺、精致的器皿物件、精美的上品佳作，感受文化根魂，领悟工匠精神，触动乡愁技艺，增强文化自信。山西作为传统工艺美术大省、非物质文化遗产大省，资源丰富、底蕴深厚，有条件、有实力、有底气把文旅产业做大做强。

表 3–1　晋源区旅游业发展情况

年份	2017	2018	2019
年接待游客量（万人次）	1048.00	1417.90	1587.17
年旅游收入（亿元）	140.82	168.98	203.80

早在 2016 年 8 月山西省人民政府主办的 2016 年山西省旅游发

展大会上，时任山西省代省长楼阳生就提出，加快将文化旅游业培育成我省战略性支柱产业，建设文化旅游强省。晋源区是古晋阳城所在地，具有2500多年的建城史，是三晋文明的重要发祥地之一，素有“唐尧故地”“三晋之源”的美誉。作为全省首批旅游综改示范县区之一，晋源区域现存各类文物古迹233处，拥有晋祠、天龙山石窟、龙山石窟等10处全国重点文物保护单位。此外，还有省级文物保护单位2处，市县级文物保护单位79处，传统古村落3处，文物库房现收藏藏品2000余件。近年来，晋源区制定了“厚植文化生态资源优势，建设旅游产业强区”的产业定位，全年接待游客从2017年的1048万人次增长到2019年的1587.17万人次，年均增长23.06%；旅游收入从2017年的140.82亿元增长到2019年的203.8亿元，年均增长20.30%。2019年晋源区成功入选山西省首批文旅产业融合示范区（全省共两家，分别为太原市晋源区、晋中市平遥县），并积极创建国家全域旅游示范区。

表3–2　2018年晋源区产业结构

产业	第一产业	第二产业	第三产业	合计
比例	6.07%	36.26%	57.67%	100%

围绕全区的发展布局和功能定位，太原市晋源区总工会于2016年启动职工创新工作室创建工作，于2018年启动“晋源工匠”选树工作。积极营造尊重劳动、崇尚技能的良好氛围，培养造就一批具有优秀品质、高超技艺和创新精神的高技能人才，助推全区高质量转型发展。在技能人才培养方面，太原市晋源区总工会紧扣产业转

型升级对技能人才的需求，兼顾传统工匠和现代工匠培育，注重先进制造业、现代服务业、战略性新兴产业、传统手工业等行业工匠平衡，初步形成政府高度重视、工会主动作为、职工积极参与的技能人才培养新格局。

链接：

晋源区总工会开展“晋源工匠”选树活动

近日，由晋源区总工会举办的“晋阳工匠·晋源工匠”选树活动正在如火如荼地举行。

本次活动是为积极响应太原市总工会“晋阳工匠”选树活动而适时组织开展的，在“晋阳工匠·晋源工匠”选树活动推进会上，晋源区各基层工会负责人、准“晋源工匠”等近50人济济一堂。会议传达了市总工会举办“晋阳工匠”这一活动的主要意义：弘扬工匠精神，推动职工创新，寻访“晋阳工匠”，助力实体经济。会议要求大家打开思路，不要拘泥于“工匠”的字面含义，而是要围绕“工匠精神”进行“晋源工匠”的举荐、寻访。会议还就活动方案、注意事项及时间节点等内容进行了重点解读。

本次活动由晋源区职工创新交流中心承办，具体负责各项事务的推动落实。采取寻访与举荐相结合的形式发掘散落在晋源区企事业单位、社会团体、民间组织等各个领域、各个角落的“晋源工匠”。本次活动将由晋源区总工会牵头，区委宣传部、区经信局、区人社局、区科技局、区文物旅游局共同参与推动完成；近日会出台

“晋源工匠”扶持政策，命名一批工匠工作室，预计在“五一”前专门为工匠们举办一场晚会，举行授牌仪式并表彰；特别优秀的“晋源工匠”将被推荐参加市总工会“晋阳工匠”的选树；努力争取在2019年“二青会”期间展现更多更好的工匠元素。

晋源区总工会将以“晋源工匠”选树活动为契机，寻访、发掘、整合工匠资源，为振兴区域实体经济、助力全域旅游提档升级、推进晋源区转型跨越发展贡献力量！

（2018年3月22日《太原日报》09版）

晋源区评选“首席工匠”

“如果你是晋源区的能工巧匠，就来参选‘晋源工匠’吧。如果你是往届的‘晋源工匠’，就来挑战‘首席晋源工匠’吧。”3月7日从晋源区总工会获悉，第四届“晋源工匠”选树暨“首席晋源工匠”评选活动开始报名。

本次选树和评选活动由晋源区委、区政府主办，晋源区总工会和晋源区职工创新交流中心承办。第四届“晋源工匠”选树活动分为“科技类”和“文化类”两个板块，面向晋源区内广大职工群众，拟选树16名“晋源工匠”；“首席晋源工匠”评选活动面向以往三届获得过“晋源工匠”称号者，拟评选8名“首席晋源工匠”。

据介绍，选树的16名“晋源工匠”，将颁发荣誉证书＋奖金5000元／人，其余参赛选手颁发“优秀选手”荣誉证书。评选出的8名“首席晋源工匠”，颁发荣誉证书＋奖金2000元／人，其余参赛选手颁发“优秀选手”荣誉证书。

3月14日前为选手报名阶段，3月10日至15日进行资格评审，现场比赛时间为3月19日。报名地点在晋源区职工创新交流中心（山西体育主题公园南门，晋源区美术馆西侧）。

（2021年3月8日《太原日报》 作者：李晓并）

晋源区第四届“晋源工匠”选树活动落幕

3月23日，太原市晋源区第四届“晋源工匠”选树暨“首席晋源工匠”评选活动在该区职工创新交流中心落幕。来自晋源区各领域、各行业的63名参赛人员通过作品展示、才艺表演及面对面访谈等多种形式，经过现场专业评审层层选拔，最终选树孙兴轶等18名“晋源工匠”，高树泉等10名“首席晋源工匠”，卞春有等8名“荣誉晋源工匠”。

据了解，本次工匠选树活动由中共太原市晋源区委员会、太原市晋源区人民政府主办，太原市晋源区总工会、晋源区职工创新交流中心承办。活动分上午、下午两场进行，上午场以个人陈述、舞台展演、理论答题相结合的形式进行；下午场采取“台下展演”“台上答题”的形式进行。

活动现场，雕贴木艺大师高树泉现场分享了执着坚守50年的心路历程；丝带绣大师刘志红通过诗朗诵总结自己的写意人生；剪纸大师赵敬玲通过剪纸作品热情讴歌共产党百年奋斗史；孙兴轶带来的核雕蕴藏着世间百态；苗振洁的刻瓷彰显着大千世界……插花艺术、护理行家、餐饮服务、创意剪纸，大家纷纷亮出拿手绝活儿展示给评委，活动现场气氛热烈，观众掌声经久不息。

截至目前，晋源区总工会共举办了四届"晋源工匠"评选活动，累计评选出"晋源工匠"74名，其中韩福元等13名晋升为"晋阳工匠"，为晋源区高质量转型发展提供了智力支持和人才保障。

（2021年3月26日 山西日报客户端 记者：丁园 通讯员：杨润德 梁月仙）

第三节 率先建立职工创新交流中心

太原市晋源区总工会于2017年在省内率先创建职工创新交流中心，开山西省县区工会之先河。中心位于山西体育主题公园内，占地面积200余平方米。中心设主任1名，招募社会化工会工作者4名，负责全区职工创新工作。中心是职工创新活动的指挥中枢，是职工创新活动的主要阵地，是职工创新人才的孵化基地，是太原市晋源区总工会对外形象展示的开放窗口，所有创新活动都从中心向外辐射。全总、省总、市总、晋源区等各级部门领导多次到中心考察指导工作，沈阳市总工会、上饶市总工会、鹰潭市贵溪市总工会、延安市安塞区总工会、哈尔滨市双城区总工会及太原市尖草坪区总工会、古交市总工会等兄弟单位来中心交流学习经验。

链接：

姜欣：愿做创新文化的“传教士”

“现在许多企业对职工创新和‘五小六化’竞赛的认识不够深刻，认为职工创新对企业的发展无足轻重。之所以有这样的认识，是因为我们宣传的效果不佳、辅导的力度不够、给予的帮助不足，而这正是我们工作的着力点。”1月18日，太原市晋源区职工创新交流中心主任姜欣对记者说道。他对职工创新和“五小六化”竞赛在企业开展的现状了如指掌。

高校毕业、科班出身，负责现场改善和职工创新工作多年的姜欣在2017年晋源区职工创新交流中心成立时，被晋源区总工会委任为兼职主任。自此，他的创新领域和眼界发生了日新月异的变化。姜欣目前供职的单位是一家中美合资企业——山西美佳矿业装备有限公司，主要负责企业精益生产管理模式的构建及推动。参加工作十余年来，他曾在富士康、东风日产、太重等企业历练，先后参加过4次技能大赛，组织推动了6次企业创新大赛。他是太原市优秀创新工作室的领军人物。“姜欣创新工作室”成立4年来，已累计推动完成的“五小六化”创新项目多达360余项，为企业节约成本达800万余元，改进型新产品悬臂式掘进机的销售额高达1500万余元。

2017年12月21日，晋源区首届职工创新大赛进入决赛的13个项目是姜欣深入企业现场发掘并精心提炼、亲自指导出来的。大赛一等奖获得者吴艾祥的“绿归宝”项目被晋源区总推荐参加全省

“五小六化”精品成果展，引起社会各界的关注。新年伊始，姜欣已经开始为今年5月举行的晋源区技能大赛制订细化方案了。在晋源区总的领导下，姜欣和创新人才一道结合晋源区全域旅游发展的规划，开发出文创镜、水彩丝巾、山水晋源水杯和手账本等文创衍生品，在文化创新路上作了有益尝试。

改“创新项目交上来”的被动为“创新技能送下去”的主动，让更多的人了解、接受、运用创新的方法和技巧，使创新文化得到广泛传播，并通过交流展示、研讨等方法营造创新氛围，是我孜孜以求的工作目标。姜欣说，做一名创新文化的“传教士”，其乐无穷。

（2018年1月22日《山西工人报》01版　记者：米俊茹）

近年来，太原市晋源区总工会先后在中心举办了第二届全国水彩艺术节、“中国梦·沙绘梦”第三届全国沙画大赛、“中国梦·劳动美”第六届全国职工微影视大赛、太原市百万职工职业技能竞赛非遗工美类竞赛，四届晋源区职工创新大赛、三届“晋源工匠”选树等活动，呈现出“晋源工匠”“特色活动”“创新大赛”三驾马车并驾齐驱的可喜局面。随着知名度和影响力的不断提升，中心已经成为太原市技能型人才展示才艺、交流经验的首选。

链接：

全国150余名水彩画家集结晋源首届山西水彩艺术节举办

绚丽水彩画，魅力晋源行。6月20日，“水彩中国行”大型采风创作·魅力晋源行暨“大美山西”首届山西水彩艺术节在我市晋源区启幕。这是山西历史上第一次大规模的水彩艺术家集结盛会。来自全国各地的画家们将走进晋祠、蒙山、天龙山、龙山、店头村、要子庄村、程家峪村、古城营村、赤桥村等地，用手中的画笔，从不同视角描绘晋源的山水与人文之美。

本次活动由山西省美协、晋源区委、区政府主办，山西省美协水彩画艺委会、太原六十四中承办，晋源区文化局、文物旅游局、文联、总工会协办，邀请到全国25个省、市、自治区的150余名水彩画家参加。

“大美山西”首届山西水彩艺术节为期一周。其间，画家们除在晋源采风外，还将前往阳泉盂县的梁家寨古村落、骆驼道古村落、大汖村古村落等景点进行写生活动。采风结束后，将在太原美术馆举办写生成果展，并出版画册集中展示此次活动的精品佳作。

水彩画从西方传入中国已有百余年的历史，近年来，中国水彩画的发展令人瞩目，呈现出蓬勃发展的良好局面。山西特有的地域文化和浓郁的地方风情，吸引了全国各地的知名艺术家、学者来此进行旅游观光、艺术考察及创作，在全国范围内掀起了一股以“山西水彩”为标志的水彩热，参与人数逐年增加，具有了一定的规模和影响力。

主办方介绍，晋源风光具有独特的魅力，特别适合以水彩的形式加以表现。本次活动旨在借全国水彩艺术家之笔描绘山西大好风光，深入展示晋源区的山水美景、文化建设以及人文情怀，讲述山西好故事，传播山西好声音，展示山西好形象，同时努力打造具有山西文化特色的水彩艺术村。晋源区委副书记刘锦春表示，希望借此将晋源打造成山西水彩艺术节的永久举办地，让这一艺术节成为晋源文化旅游的一张亮丽名片。

（2017 年 6 月 23 日《太原日报》08 版　作者：邢晓梅）

第四节　扎实推进职工创新工作室创建

太原市晋源区总工会稳扎稳打、步步为营，三年来形成了结构合理的职工创新人才梯队。职工创新工作室已呈现出层次分明、结构合理、队伍精壮的特点，共有省级、市级、区级创新工作室 61 个，呈现上窄下宽的“金字塔”结构，其中处于“塔尖”的全国劳模创新工作室 1 个、省级创新工作室 2 个，负责人分别为郑翠生（全国劳模）、萧刚（“晋阳工匠”）和张旺；处于“塔身”的市级创新工作室 12 个，负责人为姜欣、张绍嘉、杨晋强、郝永亮、何桂卿和崔杰等；处于“塔基”的区级创新工作室 46 个，负责人为康红喜、王春生、张润福、马云茹、刘瑞琴、梁永强、武玉龙、王雅莉、贾和平、苏哲人、王翔宇、白静、赵敬玲、常雅慧等。创新人才群体 286 人，为“五小六化”竞赛[①]创新项目提供数量上和质量上的

① 五小六化：小发明、小创造、小革新、小设计、小建议；竞赛群众化、管理智能化、内涵科技化、人才高端化、成果产业化、服务多元化。

保障。

创建活动点燃了创新热情。在创建劳模、工匠工作室活动中，技能型人才能结合企业特点，发挥劳模（工匠）创新工作室在技术创新、技术改造上的领头作用，围绕企业生产中的技术难题，开展群众性技术攻关、技术革新和技术发明活动。以劳模（工匠）的自身形象，培养和带动一大批爱学习、爱创新，作风严谨、精益求精的技能型职工，进一步推动企业的技术进步和稳定发展。与此同时，鼓励支持灵活就业的民间手艺人成立工匠工作室，共同促进区域非遗工美事业发展。

链接：

创新擂台摆起来

——太原市晋源区第四届职工创新大赛暨晋阳文化工匠创新交流邀请赛侧记

电气工程师郭文华将太原飞机场廊桥照明改为自动控制；草莓种植专业户王二小种出了品相好、味道甜、产量高的大草莓；太原植物园的闫万生将价值不菲的热带植物盆景培育得生机勃勃；刘洋用独特手法将破裂的老古董修复得天衣无缝……科技组的创新成果令人赞叹！

将绳结与景泰蓝中的“掐丝”工艺糅合，吸取敦煌壁画藻井图案和配色编制的中国结；将废旧挂历、壁纸、丝线等材质融合成风格迥异的布贴作品；还有造型生动的晋祠侍女像彩色剪纸，令人垂涎的晋源特色美食……文化组的创新项目亮点纷呈。

绽放美妙创意，展示创新魅力。12 月 15 日，在位于太原市晋源区体育公园的晋源区职工创新交流中心，太原市晋源区第四届职工创新大赛暨晋阳文化工匠创新交流邀请赛火热举行。此次大赛吸引了全区的 43 个创新项目报名参加，其中 20 个优秀项目入围决赛。另外，来自太原市小店区、万柏林区、杏花岭区、尖草坪区等区域的 6 个创新项目也报名参赛。

此次大赛在热闹的棉花糖挑战团建活动中拉开帷幕，其间，穿插选手们的才艺表演和紧张刺激的答题竞赛环节。大赛以引人入胜的节目编排，不断将现场气氛推向高潮。

“非常感谢晋源区总工会为我们提供这么好的学习交流平台，让我们能感受到晋源浓厚的文化氛围。选手们都很厉害！压力就是动力，能让我们在学习交流中实现成长。”第三届“晋阳工匠”王美萱发自肺腑地说。

“此次大赛中的创新项目以特色地域文化为主题，成果喜人。”太原职工技术交流站副站长周彬这样点评。

“大赛新人辈出，都是创新道路上的佼佼者。选手们使用抖音短视频等各种方式传承传统文化，非常值得提倡。”晋源区总工会主席刘志刚激动地说。

（山西工人报客户端　2020 年 12 月 18 日　山西工人报全媒体记者：米俊茹）

第五节　积极开展“晋源工匠”选树

1. 广泛宣传动员

“晋源工匠”选树工作开始于2018年。为了做好第一届“晋源工匠”评选工作，在区委、区政府的重视和支持下，太原市晋源区总工会将寻访、选树“晋源工匠”列为区总工会戊戌年的“1号工作”。经过60余天的广泛宣传动员，全区造势、营造氛围，工匠寻访工作组下乡入企、拜贤访能，吸引了88名技能型劳动者积极参与。第二届、第三届“晋源工匠”评选活动，太原市晋源区总工会通过广播电视、报纸、网络等媒体大力宣传，采取镇（街道）、园区、企业工会组织推荐和个人自荐相结合方式，分别吸引66名和72名技能型劳动者积极参与。

2. 明确工匠选树标准

“晋源工匠”选树活动之初成立了由区委副书记挂帅，区委宣传部、区总工会、区人力资源和社会保障局、区经济和信息化局、区科学技术局、区文化局和区文物旅游局等七部门联合组成的选树工作领导组，明确标准和程序，严密组织实施，经过初选、复评、终评等多个环节进行“公平、公正、公开”的评选，终评按照10%网络投票、20%代表评选、70%专家评审的权重进行综合评分，最终使德才兼备的"晋源工匠"脱颖而出。

表 3–3 "晋源工匠"评分表

<table>
<tr><th colspan="8">1. 基础水平（满分 25 分）</th></tr>
<tr><th rowspan="2">序号</th><th rowspan="2" colspan="2">项目
5 分</th><th colspan="5">得分分值</th></tr>
<tr><th>4 分</th><th>3 分</th><th>2 分</th><th>1 分</th><th></th></tr>
<tr><td>1</td><td colspan="2">最高学历</td><td>博士</td><td>硕士</td><td>本科 /
大专</td><td>高中</td><td>初中</td></tr>
<tr><td>2</td><td colspan="2">从业年资</td><td>30 年 +</td><td>20~30 年</td><td>10~20 年</td><td>5~10 年</td><td>1~5 年</td></tr>
<tr><td>3</td><td colspan="2">最高荣誉</td><td>国家级</td><td>省级</td><td>市级</td><td>区级</td><td>单位级</td></tr>
<tr><td rowspan="2">4</td><td rowspan="2">职称或技术等级</td><td>技术类</td><td>正高级</td><td>副高级</td><td>中级</td><td>助理级</td><td>员级</td></tr>
<tr><td>艺术类</td><td>高级技师</td><td>技师</td><td>高级工</td><td>中级工</td><td>初级工</td></tr>
<tr><td rowspan="2">5</td><td>获得专利</td><td>技术类</td><td>发明专利
2 项 +</td><td>发明专利
1 项</td><td>实用新型
2 项 +</td><td>实用新型
1 项</td><td>外观设计
专利</td></tr>
<tr><td>获得非遗称号</td><td>艺术类</td><td>世界级非遗</td><td>国家级非遗</td><td>省级非遗</td><td>市级非遗</td><td>区级非遗</td></tr>
<tr><th colspan="8">2. 表现能力（满分 25 分）</th></tr>
<tr><th rowspan="2">序号</th><th rowspan="2" colspan="2">项目
5 分</th><th colspan="5">得分分值</th></tr>
<tr><th>4 分</th><th>3 分</th><th>2 分</th><th>1 分</th><th></th></tr>
<tr><td>1</td><td colspan="2">PPT 技巧</td><td>世界级非遗</td><td>国家级非遗</td><td>省级非遗</td><td>市级非遗</td><td>区级非遗</td></tr>
<tr><td>2</td><td colspan="2">PPT 内容</td><td>优秀</td><td>良好</td><td>一般</td><td>较差</td><td>极差</td></tr>
<tr><td>3</td><td colspan="2">逻辑思路</td><td>优秀</td><td>良好</td><td>一般</td><td>较差</td><td>极差</td></tr>
<tr><td>4</td><td colspan="2">语言表达</td><td>优秀</td><td>良好</td><td>一般</td><td>较差</td><td>极差</td></tr>
<tr><td>5</td><td colspan="2">形象风度</td><td>优秀</td><td>良好</td><td>一般</td><td>较差</td><td>极差</td></tr>
</table>

续表

3. 专业水平（满分 50 分）							
序号	项目 9~10 分		得分				
			7~8 分	5~6 分	3~4 分	1~2 分	0 分
1	创新性	技术类	国家级创新	省级创新	市级创新	区级创新	单位级创新
		艺术类	独门绝技	绝技高招	技艺专长	技艺特长	一技之长
2	技术 / 技艺水平		极高	很高	较高	一般	较低
3	精益精神		毕生奉献 人技不分	追求卓越 创造完美	精益求精 精雕细琢	持续改善 不断进步	不事改进 浅尝辄止
4	领军作用		组建团队 解决疑难杂症	师带徒 传授技艺 后继有人	组织培训 传承精神	参加培训 演讲宣传 技术技艺	独自钻研 后继乏人 后劲不足
5	推广价值		受众极广 极具市场价值	可大范围推广 市场价值可观	业内认可 市场价值较好	较难推广 市场价值有限	无法推广 市场价值极低

对于评选范围，包括在晋源区各个产业发展中创新能力强、技能水平高、服务质量优、贡献突出的一线职工，以及在行业中具有绝技、绝招、绝活的能人，不限行业、年龄、学历，均可作为推荐对象参加评选活动。

对于评选条件，要求从事本专业、技能、技艺工作原则上不少于 5 年，目前仍在直接从事生产、技术、研发、创作等一线工作，并符合下列条件之一：①具有工艺专长；②掌握高超技能；③体现领军作用；④作出突出贡献。

对于评价指标，太原市晋源区总工会在全区率先建立可量化的工匠评选指标体系，通过深入企业调研和征求行业专家、一线技术工人意见，形成了符合晋源特色，可量化、易操作的“晋源工匠”评选指标体系，包括基础水平、表现能力和专业水平三个方面，分值分别为25分、25分和50分。其中，基础水平方面，设置最高学历、从业年资、最高荣誉、职称或技术等级、获得专利和非遗称号五个指标；表现能力方面，设置PPT技巧、PPT内容、逻辑思路、语言表达和形象风度五个指标；专业水平方面，设置创新性、技术/技艺水平、精益精神、领军作用和推广价值五个指标，见表3–3。

3. 做好工匠选树工作

截至目前，太原市晋源区总工会已举办三届“晋源工匠”选树活动，共选出了56名“晋源工匠”，其中第一届评选22名，第二届评选16名，第三届评选18名。入选“晋源工匠”的技能劳动者遍布晋源区现代产业体系的各个领域，涵盖了多个行业多个工种，并呈现出年龄跨度大、技术水平高、引领作用强、一线职工多等特点。

每年“五一”节前，太原市晋源区总工会履行相关程序后，会以区委、区政府名义对工匠进行命名表彰，授予“晋源工匠”荣誉称号并颁发证书，将其纳入“晋源工匠”人才库，予以重点管理和服务，为其提供学习交流培训机会，并纳入各级劳动模范和“五一劳动奖章”以及劳动模范的推荐对象。对符合条件的，积极推荐入住晋源区人才公寓。

2019年4月，太原市晋源区总工会向太原市总工会推荐并最终评选上5名“晋阳工匠”。其中，吴艾祥的厌氧微生物菌制剂获得国家发明专利；高树泉的雕贴木艺在国内绝无仅有；刘志红的丝带绣艺术形式独特，展销东南亚各国；邵学军的榜书及牌匾雕刻、刘洋的老榆木晋作家具工艺在省内外都享有很高的声誉。

链接：

雕贴艺人高树泉：一生只做一件事

太原市晋源区东院村有这样一座院子，院子里近60个房间的墙上挂着一幅又一幅制作精美的雕贴作品，有红梅争春、连年有鱼、梅兰竹菊“四君子”、花开富贵等，有《毛泽东诗词》《出师表》等行、草、隶、篆书法作品，内容各异、种类繁多。画面剔透玲珑、栩栩如生、充满灵气，既有民族传统和浓郁的乡土气息，又有丰富的文化内涵，集民族神韵、凝名家真情，艺术风格质朴、纯真，犹如一幅幅水墨画清新淡雅，让这座普通的小院充满了艺术气息。4月11日，记者走进这座院子，认识了这些作品的创作者——雕贴艺人高树泉。

高树泉是我省高级工艺美术师民间艺术大师，也是我省民间文化遗产杰出的传承人。雕贴艺术是高树泉自创的艺术种类。他把木雕与贴画完美融合，其创作难度也超过了单纯的木雕和贴画。雕贴源于绘画、书法，是绘画、书法艺术的再次创作，集诗书画印于一体，是对意境的再造、继承和发扬，并构成民族特征和气质。“我一生只做了这一件事情，就是在追求雕贴艺术的道路上一直走下去。”高树泉说。

今年70岁的高树泉一边介绍，一边演示起来，干活的细致程度让我们这些年轻人自叹不如。只见他先铺张白纸，用铅笔画设计图，精修细描后拓印到木板上，然后用线锯条一点一点地刻下来。为了便于表现细节，高树泉选用了木质细腻的椴木作为创作材料。“刻的时候要先在大脑中对整个绘画作品进行合理分解，哪一块先刻，哪一块后刻。刻好后，经过一点一点的漫长打磨，一片一片地粘贴，最后喷漆，经过40多道工序才能完工。通常一件作品全部完工需要半个月的时间。”

“书法作品的飞白与枯笔是最难表现的，有时候枯笔的空隙不足1毫米。钻刻和打磨过程必须特别谨慎，一不小心，一幅作品就毁了。”为了更传神地领略到书法作品的神韵，高树泉闲暇之余就临毛泽东的字，学习毛泽东的诗词，理解诗词中所蕴含的意境。如今虽然可以借助电脑进行复制、放大，但高树泉尽可能地不使用电脑，以保证雕贴作品的纯手工性。

一幅长2.4米的“花开富贵”图雕贴作品吸引了记者的目光，只见牡丹怒放繁花似锦、绚丽灿烂，花瓣层层叠叠，千朵万朵压枝低，枝头蝴蝶轻舞，黄莺婉转。整幅图只有木头原本的色彩，却让人感觉万紫千红、栩栩如生。“雕贴作品无法像布贴作品一样，利用颜色来制造层次感，只能通过雕刻工艺来展示。”高树泉指着这些牡丹花说，一朵花需要进行上百次分割，每个花瓣都要单独雕刻，最后一片一片地粘上去。

高树泉从1986年开始从事雕贴艺术，至今已30多年。多年来，他艺耕不辍，大量研读历代名家名作，在传承中华民族传统文化、民俗艺术的基础上敢于创新，在创意中沟通心弦，展现艺术魅力。其作品地方特色鲜明，乡土气息浓厚，无不体现民族精神与时代气息的融合，给观者以美的熏陶与启迪。他的部分作品曾获全国、省、市、区大奖，入选《中国当代民间工艺名家名作选粹》，很多作品被全国各界艺术爱好者收藏。

（2018 年 4 月 16 日《山西工人报》01 版，记者：贺芳芳

2018 年 4 月 17 日《太原日报》02 版，《一辈子只想做好这件事——记晋源区雕贴艺人高树泉》）

2020 年，面对突如其来的新冠疫情，太原市晋源区总工会科学统筹抗疫和发展，于 4 月 15 日如期按标准评出第三届“晋源工匠”18 名。5 月 15 日，以区委区政府名义对他们进行表彰。8 月下旬，由太原市总工会、太原市文化和旅游局主办，太原市晋源区总工会、太原市晋源区文化和旅游局、太原市文化产业协会共同承办的太原市百万职工聚焦“六新”助力转型非遗工美类晋源赛区赛事，在晋源花卉小镇开赛。活动共吸引全市十个县市区及山西综改区近 200 名选手参与。特邀陕西、贵州、广西等地非遗大师观摩交流。太原市人大常委会副主任、市总工会主席张磊，太原市总工会党组书记、常务副主席薛之东，晋源区委书记李永强，区委副书记、区长张农寿，区委常委、副区长刘晚等领导参观后给予高度评价。20 多家新闻媒体对活动进行了追踪报道，“网易直播”创下了 65 万人观看的单场直播纪录。卞春有、郭喜梅等 20 多名选手荣获太原市劳动竞赛委员会记功表彰。韩福元等 20 多名选手荣获第三届“晋阳

工匠"称号。太原市晋源区总工会被评为优秀组织单位并荣记集体三等功。此前的7月中旬，太原市晋源区总工会率先举行了"匠心筑梦·文化强区"职业技能竞赛，作为市级竞赛的选拔赛，用实际行动表明了"当好东道主，办好市竞赛"的决心。赵敬玲、张跃进、武茂盛等15人从37名选手中脱颖而出，被推荐参加市级竞赛。

12月15日，太原市晋源区第四届职工创新大赛暨晋阳文化工匠邀请赛在晋源区职工创新交流中心举行，共有24名区内外选手参加比赛，四届创新大赛共有103名选手在创新舞台上登台亮相。

链接：

太原市"六新"职业技能竞赛非遗工美类项目在晋源拉开帷幕

8月12日，从晋源区总工会获悉，聚焦"六新"、助力转型，太原市百万职工职业技能竞赛非遗工美类项目比拼，将于本月下旬在晋源开赛。届时来自全市非遗和工美行业众多人才将亲临现场展示绝技绝活。本次活动由太原市总工会、太原市文化和旅游局共同主办，由太原市晋源区总工会、晋源区文化和旅游局、太原市文化产业协会联合承办。

当天，市非遗代表晋祠桂花元宵传承人韩伟现场滚制香甜的元宵蛋蛋，父子同台展示，非遗技艺代代相传；古法酿制的米酒技艺传承人高志成带来的米酒，飘散出醉人的甜香，酒不醉人人自醉，受到一致好评；李氏葫芦镂空雕刻技艺传承人李琦，用新科技手段，结合扎实的技法基本功底，用一幅幅葫芦烫画展示晋阳文化魅力。本届太原市百万职工职业技能竞赛首次将“非遗工美”作为竞赛项目，通过竞赛全面展示品类众多的剪纸、雕塑、面塑、武术、中医、戏剧、漆艺等传统非物质文化遗产，以及文创、陶艺、瓷刻、美术、书法、版画等工艺美术类项目，打造太原市非遗和工美人才、技艺、项目数据库，以竞赛赋能市场主体，助推文化振兴，促进“六稳”“六保”，为做强做优文化产业奠定基础。竞赛从即日起至8月17日为报名阶段，8月22—24日对所有参赛作品分门别类进行集中展演。届时，将邀请省城专业评委进行现场评选，广大市民进行线上线下投票评选。好玩好看，有用有趣，互动体验，全民参与，亮点多多，爆点满满，为了让省城市民近距离接触非遗、了解非遗、认识非遗，更好地保护、推广、传承非物质文化遗产，竞赛将以“理论＋技艺，线上＋线下”的全新方式进行，通过比赛挖掘、传承和创新非遗技艺，让其发扬光大。大赛将为非遗和工美评选各前3名获奖选手予以记功奖励、前50名优秀选手颁发荣誉证书。

据晋源赛区负责人、太原市晋源区总工会主席刘志刚介绍，“晋源区文脉悠长、历史文化厚重，境内拥有晋祠、天龙山、龙山、古县城等丰厚历史遗存和风火流星等百余个国家省市级非遗及各类工匠人才百余名。比赛将采取大众化参与、专业化评选、立体化宣传、产业化推广的方式，利用短视频推广、网红直播、全媒体宣传等多样化宣传手段，将非物质文化遗产和工艺美术融入百姓生活，让艺术生活化、生活艺术化，进一步推动非遗文化的保护传承，助力工艺美术产业疫后复工复产，金秋时节，为太原市民献上一份丰盛的精神文化大餐。”

（2020 年 8 月 12 日《澎湃号·政务》晋源区新闻中心：杨润德　车涛）

其他媒体报道：

2020 年 8 月 12 日《人民网—山西频道》《太原市“六新”职业技能竞赛非遗工美类项目将在晋源拉开帷幕》（杨润德　车涛）

2020 年 8 月 13 日《太原日报全媒体指挥中心》《太原职业技能竞赛非遗工美类项目本月下旬晋源开赛》（全媒体记者：王昕　通讯员：杨润德）

2020 年 8 月 13 日《中新网山西》《太原市“六新”职业技能竞赛非遗工美类项目在晋源拉开帷幕》（杨润德　车涛）

2020 年 8 月 14 日《中国报道传媒视窗》《太原职业技能竞赛非遗工美项目在晋源开赛》（张建青）

2020 年 8 月 14 日《山西青年报》09 版《太原非遗工美技能竞赛本月下旬启幕》（记者：陈彤　图：文康乐）

2020 年 8 月 14 日《生活晨报》《精美剪纸雕刻作品传统美食职业技能竞赛非遗工美类项目开赛啦》（全媒体记者：王培霖　叶芝花）

2020 年 8 月 14 日《山西云媒体》《太原市非遗工美大咖晋源论道！》（文字来源：晋源区新闻中心）

2020 年 8 月 16 日《山西学习平台》《太原职业技能竞赛非遗工美类项目八月下旬开赛》（作者：寇宁　王俊武　李安）

2020 年 8 月 15 日《太视新闻综合频道》《全市“六新”职业技能竞赛非遗工美类项目将于本月下旬在晋源区开赛》

2020年8月14日《中工网》《弘扬工匠精神讲好太原故事》

2020年8月14日《微晋源》《太原市非遗和工艺美术类“六新”职业技能竞赛正式启动》

表3–2.1　第一至三届“晋源工匠”名单

序号	届别	姓名	单位	技艺专长
1	第一届	张跃进	太原市晋源区跃进花艺	盆景园艺
2	第一届	高树泉	太原市晋源区树泉木艺坊	雕贴木艺
3	第一届	李桦	太原市城市雕塑研究院创作室	雕塑
4	第一届	邵学军	北京荣宝画院	大型牌匾雕刻
5	第一届	王学文	王学文晋阳草堂画室	大型墙体绘画
6	第一届	刘志红	太原市妇女儿童中心	丝带绣
7	第一届	姚富生	晋源美术制品厂	唐三彩工艺
8	第一届	韩福元	太原市晋源区晋祠桂花元宵文化研究会	晋祠桂花元宵
9	第一届	阎四庆	太原市聚宝斋文化艺术中心	文化创意陶瓷
10	第一届	朱霞	小时代沙画工作室	创意沙画
11	第一届	宋二牛	晋源新城贤富苑小区	晋源风筝
12	第一届	杨晋强	山西梦飞动漫文化有限公司	三晋动漫创作
13	第一届	张弢	太原市万通茂园林绿化工程有限公司	盆景艺术
14	第一届	梁武	太原市晋源区晋祠镇晋祠村	核桃工艺
15	第一届	李琦	太原市晋源区李琦工艺葫芦店	葫芦雕刻
16	第一届	范玉生	太原东方之光大型花灯有限公司	花灯技术指导

续表

序号	届别	姓名	单位	技艺专长
17	第一届	李琥	晋源新城贤富苑小区	铝板雕贴
18	第一届	苏哲人	山西建机厂	取芯工艺
19	第一届	李志华	太原北方重工机械有限公司	盾构机制造
20	第一届	王建功	山西美佳矿业装备有限公司	高低压电工
21	第一届	卢艳伟	山西太原药业有限公司	现代制药工艺
22	第一届	侯亚琳	太原前进变压器厂有限公司	特种变压器试验
23	第二届	吴艾祥	太原市晋品源味农业科技有限公司	农业科技
24	第二届	于伟	山西美佳矿业装备有限公司	掘进机研发
25	第二届	张旺	山西意佳巨美环境科技有限公司	环保科技
26	第二届	陆伟庆	山西太原药业有限公司	制药
27	第二届	余敏	山西美佳矿业装备有限公司	装备制造
28	第二届	孙常勇	太原北方重工机械有限公司	装备制造
29	第二届	李凌牛	康培集团	园艺
30	第二届	刘洋	山西易鸿木艺装饰工程有限公司	老榆木工艺
31	第二届	王杰	太原学文嘉美文化传媒有限公司	墙画制作
32	第二届	张伟	太原市晋源区根雕协会	根雕
33	第二届	康红喜	太原市艺沁源装饰工程有限公司	假山盆景
34	第二届	张留福	太原市晋源区根雕协会	根雕
35	第二届	郑永强	太原市稻荷听泉餐饮服务有限公司	晋菜厨艺
36	第二届	武茂盛	武茂盛木刻版画创新工作室	雁北刀刻
37	第二届	赵敬玲	晋缘剪工作室	传统剪纸

续表

序号	届别	姓名	单位	技艺专长
38	第二届	韩伟	太原市晋源区晋祠桂花元宵文化研究会	晋祠桂花元宵
39	第三届	温俊	太原市晋源区承业食品酿造厂	酿醋
40	第三届	谷瑞芳	太原市晋祠公园	园艺
41	第三届	温鹏飞	太原市晋源区书法协会	书法篆刻
42	第三届	要金海	太原市东方之光大型花灯有限公司	花灯设计
43	第三届	侯铁明	山西风火流星文化传媒有限公司	风火流星
44	第三届	闫永红	山西会馆	厨艺
45	第三届	王砚	王砚美妆工作室	造型设计
46	第三届	王喜强	太原市鸿泰聚鑫工贸有限公司	焊工
47	第三届	白静	太原市晋源区实验中学	剪纸
48	第三届	刘瑞琴	山西美佳矿业装备有限公司	掘进机
49	第三届	乔利俊	太原稻荷听泉餐饮服务有限公司	厨艺
50	第三届	王俊生	王俊生铁艺工作室	铁匠
51	第三届	王学强	王学强陶艺工作室	制陶
52	第三届	赵婷	山西太原药业有限公司	制药
53	第三届	崔杰	太原北方重工机械有限公司	焊工
54	第三届	闫旭升	山西曦月文化传媒有限公司	文创
55	第三届	杜晋花	华宝斋书画装裱工作室	装裱
56	第三届	高志成	山西高记酒坊有限公司	酿酒

表 3–2.2　第四届“晋源工匠”暨“首席晋源工匠”名单

序号	届别	姓名	单位	技艺专长
太原市晋源区第四届“晋源工匠”				
1	第四届	孙兴轶	太原市信义原文化发展有限责任公司	橄榄核雕刻
2	第四届	苗振洁	山西晋瓷轩文化艺术有限公司	刻瓷艺术
3	第四届	罗永军	山西木为梁文化创意有限公司	桐木哑铃
4	第四届	梁俊武	太原稻荷听泉餐饮服务有限公司	晋源美食
5	第四届	马旭辉	太原市山吹皮具有限公司	创意皮雕
6	第四届	高俊芳	山西艺苑艺术文化有限公司	插花艺术
7	第四届	冯彩琴	太原市贝亲好家政服务有限公司	护理服务
8	第四届	吕晓鹏	晋源区长兴南街杏花堂餐饮集团	三晋美食
9	第四届	刘鑫燃	和木相处工作室	创意木艺
10	第四届	李拉弟	晋源区餐饮行业工会联合会	饮食文化
11	第四届	阎万生	太原植物园	园艺盆景
12	第四届	曲翠云	太原市故乡有礼农业科技有限公司	创意绳编
13	第四届	杨葆彦	晋阳绳结工作室	晋阳中国结
14	第四届	逯　娜	漠迹艺术工作室	传统漆画
15	第四届	李　俊	山西美佳矿业装备有限公司	电气工程
16	第四届	王　浩	晋源区农业农村局	动物防疫
17	第四届	马丽莎	晋源区晋祠镇第一中学	创意剪纸
18	第四届	武美艺	山西晋祠宾馆	餐桌礼仪

续表

序号	届别	姓名	单位	技艺专长
太原市晋源区“首席晋源工匠”				
1	第一届	高树泉	太原市晋源区树泉木艺坊	雕贴木艺
2	第一届	刘志红	五朵手作工作室	丝带绣
3	第一届	刘　洋	山西木为梁文化创意有限公司	老榆木木艺
4	第一届	韩福元	太原市晋源区晋祠桂花元宵文化研究会	晋祠桂花元宵
5	第一届	李　琦	太原市晋源区李琦工艺葫芦店	葫芦雕刻
6	第一届	郑永强	太原市稻荷听泉餐饮服务有限公司	晋源美食
7	第一届	赵敬玲	晋缘剪工作室	传统剪纸
8	第一届	高志成	山西高记酒坊有限公司	晋祠米酒
9	第一届	白　静	太原市晋源区实验中学	创意剪纸
10	第一届	赵　婷	山西太原药业有限公司	制药
太原市晋源区“荣誉晋源工匠”				
1	第一届	杨元恒	太原市育英中学	晋源风筝
2	第一届	武俊敏	太原市唐人绣坊艺术品发展有限公司	晋绣
3	第一届	王美萱	山西和瀑玺晋式刺绣有限公司	刺绣
4	第一届	邢晓秀	元香社（山西）文创科技有限公司	传统香品
5	第一届	张华彬	山西新东方烹饪学校	晋菜厨艺
6	第一届	陈　冲	太原市龙鲍雕刻工作室	印纽雕刻
7	第一届	卞春有	太原市信义原文化发展有限责任公司	木雕
8	第一届	叶尧梁	山西叶山木雕艺术装饰有限公司	雕刻

表 3–2.3　晋源区和晋源赛区涌现的历届“晋阳工匠”名单

序号	届别	姓名	单位	技艺专长
太原市晋源区“晋阳工匠”名单				
1	第二届	高树泉	太原市晋源区树泉木艺坊	雕贴木艺
2	第二届	邵学军	北京荣宝画院	牌匾雕刻
3	第二届	刘志红	太原市妇女儿童中心	丝带绣
4	第二届	吴艾祥	太原市晋品源味农业科技有限公司	农业科技
5	第二届	刘洋	山西易鸿木艺装饰工程有限公司	老榆木工艺
6	第三届	萧刚	太原市萧刚文化艺术传播有限公司	手绘瓷
7	第三届	李琦	太原市晋源区李琦工艺葫芦店	葫芦雕刻
8	第三届	要金海	太原市东方之光大型花灯有限公司	花灯设计
9	第三届	韩福元	太原市晋源区晋祠桂花元宵文化研究会	晋祠桂花元宵
10	第三届	朱小刚	山西众瑞人力资源管理有限公司	动物疫病防治
11	第三届	张华彬	山西新东方烹饪职业培训学校	中式烹饪
12	第三届	杨元恒	太原市晋源区新城社区	风筝制作
13	第三届	邢晓秀	元香社山西文创科技有限公司	制香
太原市百万职工职业技能竞赛晋源赛区“晋阳工匠”名单				
1	第三届	卞春有	太原市信义原文化发展有限公司	木雕
2	第三届	崔跃	山西傲嬴旅游科技有限公司	清式传统家具制作
3	第三届	郭喜梅	太原市木与人文化科技有限公司	漆器工艺

续表

序号	届别	姓名	单位	技艺专长
4	第三届	李玉鹏	山西珐华琉璃艺术研究院有限公司	珐琅烧制
5	第三届	王美萱	山西和瀑玺晋式刺绣有限公司	晋式传统刺绣
6	第三届	陈旭	山西青龙影业有限公司	拓迹艺术
7	第三届	祁伟成	山西古典艺术研究院（有限公司）	古建筑模型制作
8	第三届	王博	太原博艺思达文化传播有限公司	太原传统面塑
9	第三届	陈冲	西山煤电（集团）有限责任公司	印纽雕刻
10	第三届	贾银永	太原市贾氏泥塑文创科技有限公司	泥塑
11	第三届	叶尧良	山西叶山木雕艺术装饰有限公司	木雕
12	第三届	岳桂花	太原市新奇花面塑文创科技有限公司	面塑
13	第三届	张浩	山西斫音文创科技有限公司	乐器制作
14	第三届	赵遥	太原市挽袖坊埙文创科技有限公司	乐器制作
15	第三届	张放	太原黄河印社文化艺术有限公司	壁画

链接：

赵婷：我不是药神，只是药品质量的守护者

每天早上 7 点多，太原药业质保部部长赵婷准时出现在办公室，闻着空气中浓厚的药味，核查实验数据、记录药品合格率、监控药

品生产环境……这就是她的日常工作，单调琐碎，却来不得半点疏忽。有时，所有事项做完，已经到夜深人静的时候了。

今年疫情期间，赵婷带领团队严把质量关，只为提高一种中药退烧药的质量，以帮助更多患者。她常说："当制药人，就是要精益求精，药是要吃进人肚子里的，一点都马虎不得。我们不是药神，只是药品质量的守护者。"

坚持医药之路缘于母亲之病

如果不是穿着白大褂，谁也想不到身高一米八，高高壮壮的赵婷会是一名精通药品制剂的药物工程师。其实，赵婷高考时本是一名体育特长生，高考落榜后，无奈就读了当时山西省中药材专科学校，选择了药物制剂专业。

"当时因为落榜心情低落，因此随便选了学校和专业。"由于心理落差大，在药材学校，赵婷除了必修的专业课，其他课程并不努力学习。尽管如此，凭着高中时的良好基础，赵婷依然年年获得奖学金。

对医药态度的转变，发生在2009年。那年，赵婷的母亲生了一场大病，正赶上她专科毕业。母亲高昂的医药费，几乎要拖垮整个家庭。看着受病痛折磨的母亲，赵婷暗下决心："一定要学有所用，研制出更好、更便宜的药品！"

待母亲身体好转，赵婷来到太原药业应聘，成为一名基层普通实验员。做实验、看文献，成了她每天的必修课。别看工作简单重复，但就做实验一项工作，就需要耗费大量精力。"药品很复杂，同一个药品同一种实验方法，至少要重复三百次，每一次都要仔细考虑药剂的配比。”靠着初心和兴趣，赵婷对工作甘之如饴。

便宜有效源自初心不改

“其实，刚来工作，我还是有点自卑的，总觉得自己学历比不上别的同事。”所以工作之余，只要一有空闲，赵婷就自学药物制剂本科课程。不论下班多晚，她都要保证每天读书一小时。就这样，在基层工作的三四年中，她自考了药物制剂本科学历，还考上了药物制剂助理工程师、中级工程师。

由于药学知识基础扎实，工作踏实可靠，赵婷很快走向了管理岗位，成了太原药业质量保证部部长。尽管升职加薪，但她依旧初心不改，多次去印度考察，学习先进技术经验，带领团队攻克制剂难点。

疫情期间，太原药业引入了一种中药退烧药。由于很久没有生产，药厂旧的生产质量标准不符合现今用药标准。赵婷为了提升标准，马不停蹄地查文献、做实验，从大年初四投入工作到如今，一天都没休息过。“为了保证用药安全，我们提升了两个含量测定，一个鉴别标准。”她介绍，这种药目前还需要大量实验，保证用药效果，虽然现在还没上市，但一旦成功，药厂营业额能增加上亿元。

“我很喜欢电影《我不是药神》。”因为母亲是患血癌去世，赵婷深知高价药给病人带来的经济重担。“作为一名制药人，荣誉、名望都不重要。我们能造出便宜有效的药，这才是最重要的。”她说。

铁面无私带来生命希望之光

成为药品质量管理部部长，管理的部门增加了，赵婷面临的挑战更多了。如何带领年轻人立足本职，从零奋斗？一天要做几百次实验，反复记录分析数据，有些新来的年轻人，耐不住寂寞。还有些年轻人基础知识不扎实，又听不进去批评。每当这时，赵婷都会耐心反复沟通。

“我一直在反复告诫我的徒弟，基础不牢可以学习，技能不熟可以锻炼，但是工作态度不认真，数据造假，这绝对不能原谅！”就在几个月前检查工作时，赵婷发现药物实验数据异常，“我从基层来的，一眼就看出来数据造假了。”原来，一名老员工和一名新员工为了图省事，在实验数据中夹杂了造假数据。“必须让他俩离开单位！我们做的是事关老百姓生命安全的工作，来不得半点含糊，一点点数据失误，都可能给患者带来永久的伤害！”

从当初的被迫学医到现在对药物检验的热爱，赵婷不但自己在这个行业有了一席之地，还培养出很多优秀的徒弟。“光靠我一个人，力量还不够，还要尽可能多地培养专业技术人才，这样我才能将更多精力集中到药品研发上，为老百姓多生产一些他们都能买得起的放心药，不让妈妈的悲剧再重演……”赵婷说。

择一事，终一生。从疫情发生到现在，赵婷没有休息过一天。孩子也因无人照管，上了私立学校。当被问及是否后悔当初的选择时，赵婷毫不犹豫地说：“从来没有，只是觉得对不住孩子。但是，我相信有一天他会理解，妈妈做的不仅是一份工作，而是肩负着生命与希望。”

（2020 年 12 月 8 日　晋源发布　撰文：瞿静 杨润德 梁月仙　编辑：张明瑞）

4. 工匠选树工作影响巨大

目前，“晋源工匠”已成为晋源区技能人才培育的优势品牌。“晋源工匠”选树让工匠们找到了组织，增强了自豪感、成就感、归属感，并将其转化为建设“魅力晋源”的新动能。“晋源工匠”已得到社会各界的广泛关注，中工网、《山西日报》、《山西工人报》、《三晋都市报》、《太原日报》、晋源发布、晋源区职工之窗、晋源区职工之家等媒体公众号开辟专版进行“晋源工匠”的宣传报道，形成了宣传矩阵。中国邮政推出“晋源工匠”首日封。太原市晋源区总工会将优秀模范人物、优秀技能人才事迹汇编成书——《晋源工匠》，由中国工人出版社于 2018 年 9 月出版发行，成为“工匠中国”系列丛书县区级工会的首本工匠图书。2018 年 10 月，太原市晋源区总工会主席刘志刚同志作为中国工会十七大代表、中华全国总工会第十七届执行委员，将中国工人出版社出版的《晋源工匠》书籍带到北京中国工会十七大各代表团驻地展示交流，并向全总十七届四次会议提出工匠培育相关提案，受到广泛关注。目前，在晋源区职工创新交流中心和晋源区新时代职工之家显要位置分别陈设有工匠事迹展板和工匠作品实物供来宾参观。

按照“晋源工匠”（2017—2022）五年行动规划，太原市晋源区总工会到 2022 年将累计孵化评选“晋源工匠”100 名，基本构建起一支能够支撑和引领晋源区现代产业发展、结构优化、素质优良、具有强大竞争力和影响力的技能人才工匠队伍，成为推动晋源高质量发展的强劲动力，助力谱写新时代晋源高质量发展新篇章。

链接：

刘志刚：打造亮丽的山西工会品牌

尽管前一天就约好采访晋源区总工会主席刘志刚，可他因为临时要参加个重要会议，记者还是扑了个空。“刘主席总是那么忙。”该区总职工服务中心工作人员有些歉意地对记者说。

在等待的过程中，记者在他的办公桌上看到第六届“中国梦·劳动美”全国职工微影视大赛工作方案，“第二届魅力晋源味道三晋厨艺大赛”工作方案，第二届“晋源工匠”拟公示名单……“近年来，区委、区政府特别支持工会工作，好多活动都交由工会来承办。这两年，我们陆续承办了晋源区首届农民工歌手大赛、迎国庆花卉艺术节等大型活动，工会的影响力与日俱增。如今工会干部走到哪都腰板特别硬，特别牛。最近评出的‘三晋英才’中，我们晋源区就有 7 人。”说这些话时，该区总副主席李素萍难掩心中的喜悦之情。

在 4 月 19 日召开的山西省工会学习贯彻习近平总书记关于工人阶级和工会工作的重要论述暨庆祝“五一”国际劳动节座谈会上，记者终于见到了刘志刚。会上，他作为全省唯一的县级工会代表作了交流发言。今年，他还被评为省劳模。他说，党和政府给了自己这么高的荣誉，自己会倍加珍惜。

去年 10 月，刘志刚作为山西代表团唯一的县级工会代表，参加了中国工会十七大，并当选中国工会第十七届执委。其间，他在中国工会十七大新闻中心接受采访时，不停有人上前和他打招呼。其实，在干事创业的舞台上，他早已是全国工会系统的名人。早在几年前，随着全国首部农民工入会指导工具书——《强强入会记》连环画的问世，刘志刚的名字也伴随着这本书走向全国。

2015年，《强强入会记》用连环画的形式将工会基本常识形象生动地普及给像"强强"这样到城市打工的农民工，最大限度地把农民工吸引到工会中来，在全国尚属首创。当年，《强强入会记》被省总工会评为"工会组建年"课题一等奖，并在广西柳州全总会议上作了经验交流；中国工人出版社出版的《强强入会记》一经面世，便被国家图书馆收藏，并在全国第25届书博会上亮相，还被列入全国"职工书屋"示范点采购目录；同名6集动漫片在中工网展播后，社会反响非常好，"强强"这一新生代农民工的典型形象渐入人心。在"强强"的带动下，晋源区共吸引建筑、旅游、物流快递以及文化传媒等行业的13683名农民工入会。

虽然成名已久，但这名任职8年的区总工会主席从未停下探索的脚步。"一个人浑身是铁也打不了几根钉。区总工会工作要取得突破，激发基层工会的活力至关重要。"刘志刚介绍说，为了加强"三基建设"，该区总勇于改革创新，5年来共招聘工会社会化工作者30余名，充实镇街工会工作者队伍。目前，该区总实现了所有镇街工会干事全覆盖，保证了基层工会"事事有人干、人人有事干"。

"五一"前夕，比越来越高的气温更火热的是"晋源工匠"的评比表彰。"今年已经是第二届评选活动，共选树了38名'晋源工匠'。我们就是要在古晋阳大地掀起一股工匠热，让寻访工匠、学习工匠、争当工匠蔚然成风。"刘志刚兴奋地说。

最近一次见到刘志刚，是他刚从“二青会”办公室赶回来接待记者所在的“晋阳工匠”采访团。今年，晋源区总工会向太原市推荐了一批“晋阳工匠”候选人。其中刘洋等5人成功晋级为“晋阳工匠”，晋级人数在各县（市、区）名列前茅。

不论什么时候见到刘志刚，他总是那样充满激情。“让每名职工成长成才，就是我最大的心愿。”刘志刚对记者说。这些年，刘志刚和这个全省最年轻、最具活力且屡有建树的工会组织，用“紧跟、创新、坚持”的法宝和别具特色的工作，打造出亮丽的山西工会品牌。

（2019年4月28日《山西工人报》记者：贺芳芳）

第六节　组织“晋源工匠”参加各类展会

从2017年第三届山西文博会开始，晋源区总工会每年都组团参加各类文博展示交流活动，积极向外界推介“晋源工匠”。

“晋阳工匠”萧刚参加了第三届山西文博会及北京文博会，作品获第三届山西文博会“神工杯”特别金奖；在山西省首届文化节上，萧刚的“山西手绘古建作品展”受到各界参观者及各大媒体广泛好评。2019年，萧刚在杏花岭区党群服务中心“非遗大讲堂”举办公益讲座及非遗文化作品展览受到一致好评，通过作品展览也使更多的人领略到“晋源工匠”魅力。2019年8月，萧刚设计的“印记太原”在国际创意设计大赛上荣获铜奖。他还被文物部门推荐为“最美文化遗产守护人”候选人。2019年12月，萧刚在长江美术馆成功举办个人画展，并推出“老太原·城记”手绘明信片。2018—2019年，他积极参与太原市文化创意活动，为市委宣传部、市文明办提供主题绘画作品。2020年8月，在太原市百万职工聚焦“六新”助力转型职业技能竞赛晋源赛区比拼中，其作品荣获工美类第二名，被市劳动竞赛委员会荣记二等功表彰；2020年10月，萧刚的文创作品参加“第二十八届深圳国际礼品展、山西品牌中华行”获得广泛关注与好评。2020年11月，萧刚签约抱鼓巷晋门醉非遗文化馆，成立“萧刚钢笔画艺术馆”。目前，其作品使用已覆盖省城各城区，他设计打造多处宣传文化墙，受到普遍赞誉；他的“太原风度”国宝古建手绘明信片正式发行，传播范围达十余个国家。他的作品正以优异的文化艺术品质在社会上赢得广泛赞誉。

链接：

萧刚：他用一支钢笔，一张纸，画出山西古建之美

2006年开始，他背起画板，拿着钢笔，穿梭在太原的大街小巷，将这里的老民居定格在画纸上。

2013年，他自驾出发，从北向南，各处寻访，计划系统绘制山西全境的古建遗址。

十几个年头，他的个人画展主题从“一个人·一支笔·一座城”

变为“让山西古建之美流动起来”，初心依旧，前路更长。

老城记忆初心萌动

萧刚的童年与少年时期曾在三个地方度过：北京老院、塞北村庄、古城大同。地道的灰砖灰瓦，斑驳精致的老门楼，亲切热络的街坊四邻，安静平和的生活状态，都在他的心里埋下了那颗喜爱老民居的种子。

长大成人，他来到太原，在山西大学美术学院学习。历史悠久的龙城太原，纵横交错的老街老巷，隐没在一旁的民居老宅，这一切使他有感而发。“这辈子只要是我会画画，早晚会做，没有办法，好像冥冥之中注定了。”种子破土而出，终要开花结果。

钢笔做桥转“画”形式

萧刚成长于美术世家，专业是油画，以油画的形式绘制古建似乎顺理成章。“当时想从我的油画专业切入，但是尝试过一段时间之后否定了，因为它不通俗，缺少新鲜感。大家可能会因为这个形式，拒绝你的信息。”几番思索，最终在同行妻子的建议下，他开始采用钢笔画这种形式。“对于广大读者来说，这是新鲜的。”

在有感抒怀、自我表达的同时，萧刚同样注重与读者的交流。“我会刻意留一些话在画中，当时的所感所想，这也是读者的看点。”钢笔画与文字，构架起萧刚的表达体系。“几者结合，更立体、更丰富，大家接受起来很容易明白。”

几经摸索破浪前行

谈及创作过程的辛苦，他总是轻描淡写。于他而言，真正的苦涩来源于一种无能为力。“我奔你而来，但是总被一把大锁挡在门外，这个很苦恼。”“还有一种苦恼是我进去以后没法画，宅院狭窄。”面对如此情况，他试图寻找解决途径，不断失败，困难重重，但是一旦有所突破，便是一种“大的喜悦”。

有些问题有解，有些问题却无解，比如：时间。“山西保留了那么多的古建遗址，但现状不乐观。我没有那么多时间，我无法面面俱到，但我会抓紧时间去进行抢救性绘制，让它们留在纸上。”

他始终忙碌，甚至争分夺秒。好在，他不是一个“独行者”。“我做开以后，发现与我同行、比我先行的，不在少数。大家在用各自的力量去表达对民居的依恋，对古建的热爱。”萧刚坦言。

（2018 年 6 月 9 日《山西云媒体》）

吴艾祥于 2018 年 1 月、2019 年 12 月分别参加山西省“五小六化”竞赛精品展、山西省“五小六化”优秀成果展，先后获得省、市优秀成果一等奖。2020 年 5 月，荣获太原市五一劳动奖章。

链接：

吴艾祥：执着还原菜的本色

人物名片：吴艾祥，晋源区晋品源味农业科技有限公司总经理、农艺师。为让市民早日吃上放心蔬菜，他 18 年来苦心研究，其科研成果“厌氧微生物菌制剂”可迅速杀死害虫，解决根结线虫的防治问题，如果加上秸秆制成固体制剂，不仅可以作为基肥使用，还能疏松土壤，替代“农药＋化肥”，种出有机绿色蔬菜，为发展“绿色农业”开创了新思路。他的成果参加了省“五小六化”创新优秀成果展。“厌氧微生物菌制剂”申请了国家发明专利，《专利公报》已公布该项发明专利的申请。

他曾是一名体制内的林业技术员，现在则是五府营村的一名普通菜农，丢掉“铁饭碗”整整18年，春夏秋冬风霜雨雪他就干着一件事：让原本绿油油的蔬菜还原绿的本色。

蔬菜原本是绿色的，而绿色蔬菜却成为时下市民的奢侈追求。作为人人都吃的蔬菜，增加产量、提高品相、防治病害是不是非得打农药、喷激素、上化肥？吴艾祥偏偏不信这个邪！守着3亩租来的菜地、在两间低矮的平房里，他执着地探索，18年还真认出个死理来：他研究出微生物菌制剂取代多种农药化肥，用在蔬菜种植上，既可以杀灭害虫，又可以保护蔬菜，还可以改良土壤和环境，并已申请国家专利。

10月15日，在2018年全国大众创业创新活动周山西分会场上，吴艾祥以第二名的好成绩捧回“三晋新农人”竞赛奖，而第一名则是山西农大20位博士教授的盐碱地防治创新团队。

放弃铁饭碗扎根菜园子

初秋时，记者驱车前往晋源区五府营村，见到正在自家菜园里忙碌的吴艾祥、付锁秀夫妻俩。他们憨厚的笑容、朴素的衣着，同城郊菜农别无二致。

他们住在两间简陋的小平房里，没有一件新家具，一般人家早已淘汰的老式29寸电视机，算是最奢侈的电器了。墙上，晋源区总工会颁发的“吴艾祥创新工作室”牌匾让人眼前一亮。走进另一间约十平方米的房间里，有简单的科研实验仪器。桌上还有笔架和砚台，墨香味扑鼻而来。记者请吴艾祥写几个字，他略一思索，挥笔而书：“往昔情何堪？蒙天种田。饥寒窘迫随风去，功名利禄埋深渊，天阔地宽。”

操一口左权口音的吴艾祥不是太原人。今年 50 岁的他出生在左权县距县城 60 多公里的芹泉镇东山村。1990 年，他从临汾农业专科学校毕业后，被分配到左权县林业局农业技术推广中心工作。1998 年的秋天，吴艾祥和妻子带着左权的核桃和花椒到山西省科技馆参加全省果品展销会。展厅里，夫妻俩带着的核桃和花椒赢得了太原市民的好评，媒体以《夫妻双双闯省城，左权核桃扬美名》为题进行了报道。

热情的太原市民，激发了吴艾祥在太原发展的热情。2001 年，吴艾祥在朋友的推荐下，来到晋源区五府营村，租了 3 亩菜地、两间小平房扎下根来。

时值夏日，一天中午，吴艾祥发现附近村民为治蔬菜上的虫子，在烈日下喷洒农药，散发出的农药味令人头晕、恶心、胸闷。

他想，这样的蔬菜人闻着都受不了，吃在肚子里又会造成多大的伤害呢?

一场艰难而枯燥的研究——不用农药化肥种菜的攻关开始了。

不闻园外事一心治害虫

民以食为天，食以安为先。为了人们能吃上绿色蔬菜，吴艾祥带着妻子千辛万苦地劳作着。吴艾祥先从防治大白菜的蚜虫上做起。

实验时，他用白面与水调和进行厌氧发酵，再刷在大白菜的叶子上。他惊奇地发现，这种菌制剂可以杀死大白菜上的蚜虫。

初步的成功，成为吴艾祥继续试验的动力。此后，他没日没夜进行了成百上千次的实验。让吴艾祥记忆最深的就是防治蝼蛄虫害。他说：“蝼蛄又叫土猴，其危害蔬菜的方法是咬断蔬菜上的根茎，不吃多少，而是破坏。通过一次次的观察，我发现蝼蛄的生活习性是在每天晚上的 7 时至 9 时左右活动，于是，我在蔬菜地里依次打起土垄，然后在水桶里培养好用来杀虫子的生物菌制剂，在蝼蛄活动时，打上手电，一桶一桶用杀虫制剂浇灌在土壤里，很快，出来的蝼蛄露头就死了。”

正当吴艾祥的试验渐入佳境之时，左权县人事局向他发来通知，要求他尽快回去上班，否则开除。他是县林业局的正式职工，全额事业编制。究竟该何去何从？回去可以每月领到工资，但他的科研项目就将搁浅；若不回去，继续搞自己的研究，将面临没房子、没工作、没社保、什么都没有……如何维持生活？晚上，他一个人坐在院子里，望着满天星星沉思，内心充满了纠结。天蒙蒙亮时，他坚决地对妻子说：“不回去了，人生活中做一件有意义的事情比过得舒服些更重要！”

为了丈夫的事业，付锁秀也辞去了左权县温城煤矿的会计工作，带着年幼的女儿来到太原，全家人一起吃住在温室地里。五府营村村民纯朴憨厚，向吴艾祥夫妇展示了他们的热情，尽力给予帮助。为感谢村民的善待，吴艾祥总是随叫随到，帮助村里人修剪果树，给村民进行技术指导。

为了生计，吴艾祥出外打工、卖菜、种蘑菇。由于收入少，冬日里，他们买不起好煤炭取暖，家里四壁结冰，在灯光的照亮下闪闪发光，好像住在冰窖里，女儿的脸被冻得紫红紫红的。晚上，他们早早钻进被窝里，天刚蒙蒙亮，他们就在温室地里干活，常常是又困又饿，喝水啃馒头的早餐，已成惯例。

日子虽然艰苦，可没能阻止吴艾祥对理想的追求。他还是没日没夜地观察、研究，废寝忘食地查阅资料、调配制剂。

风雨过后是彩虹。2014 年，吴艾祥的技术取得了突破性的进展。他用糖及多糖培养的厌氧菌制剂，秒杀了黑蜘蛛、菜青虫等害虫，他还用这种菌制剂成功地进行了防治黄瓜根结线虫的试验。

山西大学生命科学院博士生导师石亚伟教授为此做了实验室检测和数据分析，实验数据表明，用这种菌制剂防治线虫比用农药"阿维克线丹"效果好，更可贵的是如果加上秸秆制成固体制剂，不仅可以杀死几乎所有的地下害虫，蚯蚓也越来越多，同时还可作为基肥使用，疏松土壤，防止土壤板结。

2014 年 9 月，吴艾祥注册成立了晋品源味农业科技有限公司。他说："晋品源味就是晋级其品，溯源其味；做晋源品位产品，品味晋源悠久的历史文化。"

2016 年 1 月，吴艾祥将自己的科研成果申请了国家专利，之后，国家专利公报登载公布，2017 年 2 月进入实质审查。

菜园风光好儿时好味道

创新项目是一块璞玉，有心人都懂得呵护这块璞玉。吴艾祥说："晋源区总工会对我的科研项目给予了很大的支持，区政府、区农委等相关领导非常重视我的研究成果。市总工会推荐我的成果参加了全省'五小六化'创新成果展，省、市农业部门的专家多次来到我的温室蔬菜种植地里，实地考测病虫害防治技术，鼓舞我在防治虫害上要更加努力。"

韭菜上的韭蛆防治一直是困扰相关专家、学者、种植户的一大难题。误食"毒韭菜"引起中毒致死的事件不在少数。而如今，晋源区南张村的菜农用一种生物有机肥做到了很好的防治，这项技术就是吴艾祥研发的菌制剂。现在，该技术已经申请了国家专利。山西大学生命科学院博士生导师石亚伟教授曾对该产品的配方、合理应用等做过指导，太原理工大学姚平喜教授已经参与研究该技术的科学应用，为该技术大面积应用、推广提供机械设备。

作为唯一的农业科技创新项目，吴艾祥参加了山西省"五小六化"竞赛精品展，在主展厅 11 个地市参展项目中脱颖而出，他用"防治蔬菜害虫的厌氧微生物菌制剂"种出的西红柿、西芹在靠近主展厅入口的太原版块 1 号展位惊艳亮相，众多参观者品尝了不用农药化肥种出的有机西红柿，赞不绝口，都说"有小时候的味道"。随后，省农业厅、市区农委领导迅速组织现场实地考察。

"有事需要我去做，是我的幸福；有事非要我去做，是我最大的幸福！"吴艾祥说，作为新时代的菜农，以前种菜为好卖，如今种菜讲情怀。他希望自己的科研成果更大范围地推广应用，希望农民的菜园子、市民的菜篮子，从里到外都是绿油油的。

（2018 年 11 月 13 日《太原日报》04 版记者：张淑芳）

其他媒体报道：

2018 年 5 月 19 日《今日农业》《替代“农药 + 化肥”的“绿农”开创者》记者：辛霞

2018 年 8 月 14 日《科学导报》《吴艾祥：用“菌制剂”杀灭病虫害》记者：杨洋

2018 年 12 月 17 日《人民网—山西频道》《吴艾祥：替代“农药 + 化肥”的“绿农”》

2019 年 2 月 25 日《山西晚报》《与虫子较劲 18 年时代新人吴艾祥发明专利获批》记者：裴怡

2019 年 3 月 5 日《山西农民报》《辞公职以农村为家十八年与虫子较劲——吴艾祥用微生物菌防治蔬菜害虫获国家专利》记者：刘桂梅　柴俊杰

2020 年 8 月 27 日《山西工人报》《吴艾祥：20 年“斗虫”斗出国家发明专利》记者：米俊茹

王学强于 2015 年获得第二届山西文博会“神工杯”工艺美术精品奖；之后又荣获首届山西文化创意产业大赛金奖、东亚非物质文化遗产博览会金奖；2019 年荣获第二届山西省国际陶艺邀请赛二等奖。

“晋源工匠”杨晋强，先后荣获山西省青年创业大赛三等奖、太原市青年创新大赛铜奖、晋源区青年创业大赛二等奖，并应邀参展深圳文博会。刘洋参加了第四届山西文博会并获优秀作品奖。

2018 年 9 月，在太原市庆祝改革开放 40 周年暨传承“传统文化 · 匠心手作”剪纸作品展中，赵敬玲剪纸作品《美丽晋源》荣获三等奖；2018 年 10 月，在山西省庆祝改革开放 40 周年暨第五届“三晋巧姐”剪纸作品展中，赵敬玲剪纸作品《富贵满堂》荣获银奖。

链接：

晋源巧媳妇用剪纸推介家乡美

一张彩纸左折右叠，一把小剪刀灵活转动，几分钟变出了一只精巧的剪纸蝴蝶。11 月 16 日的晋源区美术馆，晋源巧媳妇赵敬玲正向市民展示自己的剪纸技艺。作为第三代晋源传统剪纸传承人，她随手就能剪出蝴蝶、牡丹等小作品。“晋祠侍女、蒙山大佛、大寺荷花……晋源的风景都在我心里，我要通过自己的作品向更多人推介晋源美景。”

“我家有姐妹五人，小时候大家出去玩，只有我愿意留在家里跟着姥姥学习剪纸。当时觉得姥姥真厉害，像变魔术一样就剪出了美丽的窗花。”回忆起当时学习剪纸的情况，赵敬玲至今记忆犹新。特别是每年的春节前，她总是黏着姥姥和妈妈一起剪窗花。

开始学习剪纸后，亲戚邻居谁家有人过寿、办喜事，家里的窗花都出自赵敬玲母女之手。“我依然留着姥姥用过的旧剪刀，虽然刀头秃了，但它开启了我的剪纸之路，很珍贵。”

从事剪纸之后，赵敬玲一干就是 30 多年，先后荣获了“晋阳工匠”“三晋巧姐”等荣誉称号，还认识了不少志同道合的朋友。

“要想剪出精美的作品，对剪刀的控制、力度的把握都很高。只有经过长期练习，才能游刃有余地裁剪出复杂的镂空图案。”对于赵敬玲来说，最难的不是剪，而是创意、画图样。参加山西省第五届“三晋巧姐”剪纸比赛时，她在创作上一度陷入瓶颈。“我想在传统剪纸中尽量多地融入吉祥寓意，总感觉心里有想法，却无从下手。”后来一副对联让赵敬玲豁然开朗，她说：“我丈夫爱写对联，当时他桌子上放着一副对联，上面有‘平安’‘福气’‘富贵’等字眼，突然就有了灵感。”

抓住灵感，说画就画。纸上简单画出花瓶纹样，鱼、蝙蝠、牡丹等传统纹样再陆续加入，逐渐让花瓶丰富起来。”经过不断修改，赵敬玲终于绘制出有着“福庆有余”吉祥寓意的图样。经过两个多月的修改，赵敬玲的作品《富贵满堂》诞生了。这幅作品获得“三晋巧姐”剪纸比赛的银奖。这次比赛让赵敬玲受益匪浅：“原来，现代和传统的纹样可以互相叠加、交融，让作品更有活力。”

作为一名非遗传承人，每个学期赵敬玲都会带着自己的作品来到晋源区实验中学，手把手教学生剪纸。每逢寒暑假，她也会在金胜社区开办公益培训班，带着孩子们学习剪纸。二青会期间，一组彩色晋祠侍女的剪纸作品吸引了很多游客的眼睛，大受欢迎。“北方的剪纸一直没有形成一种品牌效应，我希望能教授更多的学生，让这门手艺传承下去。”赵敬玲坚定地说。

（2020 年 11 月 18 日 《太原晚报》记者：郜蓉 通讯员：杨润德 梁月仙 编辑：吴银冰）

沙画师朱霞，2018 年 7 月，在第三届沙画艺术节中获得中国沙画优秀楷模奖；2018 年 7 月，在第三届中国沙画锦标赛工作组荣获优秀奖；2019 年 7 月 10 日，获聘担任第四届中国沙画锦标赛总决赛评委；2019 年 8 月 26 日，参加中韩沙画文化交流，获聘为世界沙画艺术协会总联盟名誉顾问；2019 年 7 月 21 日，获年度杰出沙画师称号；2020 年 5 月，入选山西省“沙画艺术模范领军人物”；2020 年 8 月，在太原市百万职工聚焦“六新”助力转型职业技能竞赛工美类比赛中荣获优秀选手。

“晋阳工匠”李琦，在 2018 年晋源区第二届“五小六化”职工创新大赛中荣获二等奖；在 2019 年太原市“五小六化”竞赛中获得优秀成果三等奖；2019 年 8 月，其作品在全国第二届青年运动会青运村展出，受到奥运冠军大杨扬称赞，锁定了一批国内青年体坛粉丝；在 2020 年太原市百万职工聚焦“六新”助力转型职业技能竞赛晋源赛区获得第三名，被市劳动竞赛委员会记功表彰。

链接：

晋源有个“葫芦王”

“葫芦娃”还是“葫芦王”？思来想去，还是觉得称之为“葫芦王”更确切。因为，在太原，他的葫芦文章做得最好最大。他就是本文的主人公李琦，在我眼中一位认识时间虽不长，但却可以倾情交心，可亲、可敬、可爱的“晋源工匠”。

1978 年冬，李琦出生于晋源镇武家寨。据熟悉他情况的一位女同学回忆，在李琦青少年时代，他为人低调，做事执着，尤其是放学后爱跟在父亲身旁鼓捣点葫芦什么的。

在李琦的家里，屋里屋外，楼上楼下到处都挂满葫芦，摆放着大大小小葫芦的工艺品，尤以镂空灯饰最为耀眼。连前来采访的电视台、电台等媒体记者都大呼过瘾。去年第四届山西文博会期间，91.2 太原新闻广播主持人赵玲还特邀他做客直播间，讲述“晋源工匠”文创故事。可见“葫芦王”的名号并非浪得虚名。

李琦 21 岁那年在江苏南京某部队服役。两年军旅生涯，他不仅练就了过硬的军政素养，还赢得一位模样秀气、聪明能干的扬州伏氏姑娘芳心。

李琦的本职工作是太铁北站货运值班员，业余时间喜欢在晋源武家寨家里搞小技改、小发明等“五小六化”创新，且在业内小有名气。2018 年初，晋源区总工会在全区寻访工匠，首批就有人热心地推荐了他。经过报名，初评，复评，公示……一路风雨兼程，过关斩将，李琦的上佳表现终于征服了专家评委，被晋源区委、区政府命名为首批“晋源工匠”。那一年，他刚好 40 岁。

好家风伴随着李琦进步成长。他的人生导师就是老父亲——在晋祠公园干了一辈子，退休后仍闲不住，奔跑于全省各绿化工地的高级园艺师李凌牛。父子俩都喜爱葫芦，琢磨葫芦，不断做大做强晋源葫芦品牌。在儿子的影响带动下，75 岁高龄的李凌牛老骥伏枥，于 2019 年 4 月也成功步入“晋源工匠”行列，成为年龄最大的“晋源工匠”。父子俩因此成为人们津津乐道的三对“晋源工匠”之一。

李琦迷上了葫芦，心里便思谋着如何种葫芦。自家地里多年的成功实践，使父子俩了然葫芦习性。为扩大生产规模，李琦开车去各地找寻新的适合葫芦种植的基地。现如今，除了在家乡晋源种，他又选了太谷乡下。在那里，他可以就近与省内顶尖农技人员请教交流。他还在山东、浙江等地结识了不少志同道合的生意伙伴。因此，经他之手的葫芦质量自是没的说。

区总工会给李琦提供了成长成才的平台和舞台，把他推到“五小六化”竞赛的评奖台上。他连续两年摘取市、区二等奖。市总工会还推荐他参加前不久在山西省展览馆举办的山西省“五小六化”成果展览，琳琅满目的“葫芦娃”刚摆出来，就吸引了大批观众眼球，广受大家好评。李琦心里那个乐啊，如同前不久参加山西文博会那般，喜上眉梢。

2019 年春，李琦被区总工会推荐，成为代表 38 名“晋源工匠”的一名光荣的“二青会”火炬手。8 月 6 日上午，当他手擎火炬站立在晋阳湖公园的跑道上时，心里涌动着的是“劳动最光荣”的自豪。

区文旅局也看上了我们的“葫芦王”。李琦的葫芦工艺申报捷报频传，区级和市级非遗尽入囊中。

“二青会”在太原举办期间，青运村开村的那段日子里，李琦的产品在青运村可是火了一把。不仅小运动员和志愿者喜欢，连奥运冠军李娜、冬奥冠军大杨扬都成为他的粉丝。前来参观的人纷纷扫微信，加好友，他朋友圈短时间增加了不少新朋友。时至今日，后二青时代，李琦的葫芦仍伴随着他那绽放的笑容风靡神州，网上销量节节攀升，产品远销黑龙江、云南、粤港澳大湾区等地。

鼠年春节快到了，“我们的中国年 · 文化进万家”活动中，李琦又一次成为省城各大文旅平台争相邀请的“明星”。今天上午李琦刚刚和我讲，现在全家正总动员，赶制“两节”年货。“正月初一至十五，我在动物园，爱人在蒙山，老爷子在晋祠，还有姐姐们要前去帮忙。去年就断货了，今年一定要让晋源葫芦呈现一个新气象，把更多的欢乐带给太原市民。”

看，我们的“晋源工匠”多么阳光自信。只争朝夕，不负韶华。李琦，好样的！

（2020 年 1 月 17 日《山西日报》客户端　作者：刘志刚）

2020 年 8 月，“晋源工匠”白静荣获太原市晋源区“匠心筑梦文化强区”职业技能竞赛二等奖、太原市百万职工聚焦“六新”助力转型职业技能竞赛晋源赛区工美类优秀选手。

2018 年度山西省“三晋英才”支持计划青年优秀人才、“晋源工匠”工作室领军人物罗永军，2016 年成功研发全球首款木钢哑铃，产品远销俄罗斯等“一带一路”国家。2020 年 8 月，荣获晋源区“匠心筑梦 文化强区”职业技能竞赛一等奖、太原市百万职工聚焦“六新”助力转型职业技能竞赛晋源赛区非遗工美类作品金奖。2020 年获得“创青春”第六届太原青年创业创新大赛正式组三等奖、第二届山西省文创设计大赛入围奖。

值得一提的是，省级工美大师、“晋阳工匠”武俊敏成为参展达人，获奖专业户。2012 年刺绣作品《父亲》获中国工艺美术“百花奖”银奖；2013 年刺绣作品《辈辈有余》获首届山西省文化创意博览会“神工杯”银奖；2014 年刺绣作品《吉祥有余》获得“山西省第二届工艺美术大师作品暨艺术精品博览会”金奖；2015 年刺绣作品《瓜瓞绵绵》获得第二届山西省文化创意博览会“神工杯”银奖；

2017年刺绣布艺作品《母亲的手艺》获得省工会“推动供给侧结构性改革促进创业就业——首届全省职工手工艺品展评活动”特等奖；2020年刺绣作品《婚书》获得山西省首届工艺美术产品博览交易会“太行杯”金奖。

链接：

“工匠”展才艺别样年味浓

晋阳古城、蒙山大佛浮现在线装书上，精品国画、太原街景让白瓷有了新的内涵。昨天，在长风国贸第六馆，晋源区总工会组织20多位“晋源工匠”现场展示才艺，用新鲜有趣的文创产品为市民送上不一样的新年礼物。

去年，晋源区总工会组织开展了“晋源工匠”寻访活动，22位从民间成长起来的手工艺大师赢得了工匠称号。当天，在晋源区总工会、晋源区文物旅游局等单位组织下，这些工匠带着新近出炉的文创产品走进第六馆，通过匠心、食味、花艺、水墨四个主题，向市民展示其一年来精心制作的创新成果。

工匠李琦带来了新制作的镂空雕刻葫芦台灯，浓郁的民族风再配上柔和的光线和精心雕琢的葫芦，一下子就吸引了来逛街的女性市民。工匠刘洋带来的是融汇中西风格、用老榆木制作的木艺摆件。这些年，农村废弃不用的老榆木房梁在她的手里“变废为宝”，成了独具特色的中式家具，深受人们喜爱。工匠韩福元是市级非遗“晋祠桂花元宵”传承人，去年他带着儿子忙着申请注册商标，还对家庭生产作坊进行了升级改造，昨天他的老手艺传习所也正式开张。工匠杨晋强用菩提子做成了象棋子，车、马、炮……一个个别有味道。

据晋源区总工会主席刘志刚介绍，此次举办的“喜迎二青会，欢乐过大年”“晋源工匠”进六馆活动，是晋源区依托首届三晋厨艺大赛、“晋源工匠”寻访、全国首届农民水彩画展等活动，全方位展示晋源全域旅游示范区建设成果的一个年节系列活动，不仅要展示改革新貌、魅力晋源，还要让来买年货的太原市民感受老地方、新晋源的独特魅力。

（2019 年 1 月 30 日《太原晚报》第 10 版）

用美食讲述晋源故事

案板上，手起刀落，物已成形；灶台边，挥勺翻炒，炒功了得。糖醋鲤鱼、金沙牛肉、菊花豆腐、晋源牺汤、晋源炸糕、龙山三宝……一道道晋源美食，讲述着晋源故事，让人在舌尖上感受着晋源深厚的文化。

11 月 1 日，太原市晋源区第三届“味道三晋”厨艺大赛在山西省四方中等技术学校如期举行。来自晋源区餐饮行业的 60 余名选手大显身手。

大赛由晋源区委、区政府主办，晋源区总工会承办，旨在弘扬晋源传统饮食文化，挖掘晋源传统美食，助力区域生态文旅。

“为了让菜品呈现出较好的效果，我们凌晨 3 点起来开始备料。比赛中，我们还结识了不少同行朋友。非常感谢区总工会能够提供这么好的平台，让我们有展示的机会。强中更有强中手，希望以后的比赛我们还可以参加。”来自太原义井的参赛选手阎文娥说。

评委们表示，此次作品充分利用了晋源本地食材，希望大家能够把晋源文化与食材融合起来，用美食讲出晋源故事。

（2020 年 11 月 4 日《山西工人报》记者：米俊茹）

第七节 高度重视“五小六化”竞赛活动

太原市晋源区总工会积极组织推荐创新工作室、“晋源工匠”参加省总、市总“五小六化”竞赛活动，采取了“三步走”措施。第一步，每年活动之初召开创新推进会，主要参与人员为创新工作室人员、“晋源工匠”、创新积极分子，会上全面部署全年创新工作任务。第二步，中心人员以“星探”身份走进工厂车间、手工作坊，主动发现“创新之星”、创新项目，发现不为人知的“璞玉”并将其琢磨成为“玉璧”，圆其创新梦想。第三步，对创新人才进行专项培训，对好的创新项目进行包装，将其制作成符合条件、逻辑清晰、内容翔实的创新报告，参加省、市、区“五小六化”竞赛活动。2017 年区总共推荐参加项目 10 个，其中 4 个项目获奖；2018 年推荐参加项目 11 个，其中 5 项获奖；2019 年推荐参加项目 23 个，其中 10 个项目获奖，7 人立功。

2018 年至 2020 年，经过职工自主提报、中心主动发掘，共推动落实了 80 多个创新项目，总产值达到 6000 余万元，产生经济效益 1000 余万元。

表 3–4 “五小六化”竞赛、创新竞赛晋源区总工会集体荣誉录

序号	获奖项目	颁奖部门	获奖时间
1	2016 年全市“五小六化”竞赛活动优胜单位	太原市总工会	2017 年 1 月
2	山西省十佳县（区）总工会	山西省总工会	2017 年 12 月
3	2017 年全市“五小六化”竞赛活动优胜单位	太原市总工会	2018 年 1 月
4	2017 年全省“五小六化”竞赛活动优秀组织奖	山西省总工会 / 共青团山西省委员会 / 山西省科学技术协会	2018 年 1 月
5	太原市第十一届职工职业技能大赛优秀组织奖	太原市总工会 / 太原市科学技术局 / 太原市工业和信息化局 / 太原市人力资源和社会保障局	2019 年 3 月
6	五一劳动奖状	山西省劳动竞赛委员会	2019 年 5 月
7	2019 年全省“五小六化”竞赛活动优秀组织奖	山西省总工会 / 共青团山西省委员会 / 山西省科学技术协会	2019 年 12 月
8	太原市百万职工聚焦“六新”助力转型职业技能竞赛工会会计信息化应用比赛优秀组织奖	太原市劳动竞赛委员会办公室太原市总工会	2020 年 9 月

表 3-5 “五小六化”竞赛、创新竞赛晋源区总工会个人荣誉录

序号	单位名称	项目名称	带头人	奖项
山西省总工会“五小六化”竞赛（2019）				
1	太原市晋品源味农业科技有限公司	用厌氧微生物制剂防治韭蛆	吴艾祥	二等奖
2	太原市晋祠公园	造型艺菊青蒿嫁接串接技术	谷瑞芳	二等奖
太原市总工会“五小六化”竞赛（2016）				
3	太原市晋源区树泉木艺坊	雕贴木艺技艺	高树泉	二等奖
4	山西意佳巨美环境科技有限公司	一种快速更换式防风抑尘网	张旺	三等奖
5		一种多功能挡风抑尘网	张旺	优秀奖
太原市总工会“五小六化”竞赛（2017）				
6	山西美佳矿业装备有限公司	掘进机铲板部从动轮固定优化设计（职代会提案）	李正博	一等奖
7	山西意佳巨美环境科技有限公司	一种强效隔音屏障	张旺	三等奖
8	太原市晋源区职工创新交流中心	晋源区职工创新交流中心网络运行成本降低	李鑫	优秀奖
9	太原植物园	科普型园林衍生产品	张辑	优秀奖
10	山西美佳矿业装备有限公司	山西美佳电力系统改造	姜欣	优秀奖

续表

序号	单位名称	项目名称	带头人	奖项
太原市总工会“五小六化”竞赛（2018）				
11	太原市晋品源味农业科技有限公司	用厌氧微生物制剂防治韭蛆	吴艾祥	一等奖
12	山西菩提匠人文化传媒有限公司	菩提精加工文创	徐谷曜	二等奖
13	山西美佳矿业装备有限公司	高度可调节掘进机用第二运输机研制	余敏	二等奖
14	山西意佳巨美环境科技有限公司	一种伸缩式隔音屏障	张旺	三等奖
15	太原市晋源区李琦工艺葫芦店	葫芦雕刻镂空工艺台灯	李琦	三等奖
16	太原市晋品源味农业科技有限公司	蔬菜菜青虫防治能效提升	吴艾祥	一等奖
17	山西兴态源农业科技有限公司	“杏福”升级	梁永强	三等奖
18	太原市晋源区李琦工艺葫芦店	葫芦雕刻掐丝技艺	李琦	三等奖
太原市总工会“五小六化”竞赛（2019）				
19	山西省易鸿木艺装饰工程有限公司	华容道魔方柜	刘洋	三等奖
20	山西朝光生态农业科技有限公司	盆栽蔬菜秸秆基质生态循环	俎艳芳	优秀奖
21	太原市晋源区晋缘剪工作室	剪纸（长卷）	赵敬玲	优秀奖

续表

序号	单位名称	项目名称	带头人	奖项
22	太原市晋源区一电学校	“教育 + 心理”青少年生命关怀教育	李雁鸿	优秀奖
23	山西哲仁教育咨询有限公司	“耕行 · 成长学院”大学生职前培训	段文超	优秀奖
24	太原市晋源区店头古堡景区	讲解时让游客参与互动体验的应用	贾和平	优秀奖
25	大海大爱蜂业科技有限公司	飞进神奇的蜜蜂博物馆	何桂卿	优秀奖
太原市百万职工聚焦“六新”助力转型职业技能竞赛非遗工美类比赛（2020）				
26	山西萧刚文化传播有限公司	手绘瓷	萧刚	第 2 名
27	太原市晋源区李琦葫芦工艺店	葫芦雕刻	李琦	第 3 名
28	《享耳漆画》工作室	漆画	郭艺璇	优秀奖
29	赵敬玲工匠工作室	剪纸	赵敬玲	优秀奖
30	太原市晋源区晋祠镇青阳河村	剪纸	冯燕珍	优秀奖
31	太原市晋源区根雕协会	根雕	张伟	优秀奖
32	太原市嘉艺兴装饰公司	烙画	高建	优秀奖
33	山西省太原市佳境花园小区	晋阳中国结	杨葆彦	优秀奖
34	太原市晋源区武家寨村	乐器制作	丁喜文	优秀奖
35	山西曦月文化传媒有限公司	铜木版画	闫旭升	优秀奖

续表

序号	单位名称	项目名称	带头人	奖项
36	山西木为梁文化创意有限公司	桐木健身皮雕	罗永军	优秀奖
37	武茂盛工匠工作室	木刻版画	武茂盛	优秀奖
38	太原市老年大学	丝带绣	刘志红	优秀奖
39	太原植物园	现代花艺	张辑	优秀奖
40	太原市小店区万科城	核雕	孙兴轶	优秀奖
41	太原市晋源区实验中学	剪纸	白静	优秀奖
42	太原市晋源区实验中学	剪纸	宋艳萍	优秀奖
43	太原市晋源晋祠镇第一中学	剪纸	马丽莎	优秀奖
44	太原市植物园	盆景	阎万生	优秀奖
45	太原市小时代沙画文化有限公司	固彩沙画	朱霞	优秀奖
晋源区首届职工创新大赛(2017)				
46	太原市晋品源味农业科技有限公司	防治蔬菜害虫的厌氧微生物菌制剂"绿归宝"研制	吴艾祥	一等奖
47	山西坤圣元科技有限公司	植保无人机 BP 研制项目	王翔宇	二等奖
48	太原传化公路港有限公司	传化公路港智慧物流项目	秦龙	二等奖
49	山西美佳矿业装备有限公司	山西美佳电力系统改造	马云茹	三等奖

续表

序号	单位名称	项目名称	带头人	奖项
50	山西建机厂	CQX172—100 取芯工具研制	苏哲人	三等奖
51	太原市晋源区实验小学	“我爱识字——集字卡”	李雁鸿	三等奖
晋源区第二届职工创新大赛（2018）				
52	山西意佳巨美环境科技有限公司	一种强效隔音屏障	张旺	一等奖
53	山西坤圣元电子科技有限公司	植保无人机喷杆折叠扣	王翔宇	二等奖
54	太原市晋品源味农业科技有限公司	“晋品源味”防治韭蛆	吴艾祥	三等奖
55	五朵手作工作室	丝带绣	刘志红	一等奖
56	太原市晋源区李琦工艺葫芦店	葫芦雕刻镂空技艺《福禄》	李琦	二等奖
57	水彩纸艺立体工作室	水彩立体写生	尚宝梅	二等奖
58	太原市晋源区树泉木艺坊	雕贴木艺《红梅争春》	高树泉	三等奖
59	三晋瓷语馆	山西特色文化陶瓷创意	闫四庆	三等奖
60	山西省易鸿木艺装饰工程有限公司	老榆木甩腿凳	刘洋	三等奖
61	太原市昊宇心羽文化传播有限公司	《难忘元宵情》情景歌舞剧	宋林林	三等奖
晋源区第三届职工创新大赛（2019）				
62	太原市晋品源味农业科技有限公司	“晋品源味”防治菜青虫	付锁秀	一等奖

续表

序号	单位名称	项目名称	带头人	奖项
63	太原市晋祠公园	造型艺菊青蒿嫁接串接技术	谷瑞芳	二等奖
64	山西美佳矿业装备	远程遥控掘进机、掘锚机	刘瑞琴	二等奖
65	山西坤圣元电子科技有限公司	无人机 GPS 安装支架技术	王潇	三等奖
66	太原市晋源区一电学校	"教育＋心理"青少年生命关怀教育项目	田琪	三等奖
67	太原熠创贸易有限公司	ZF 减速机故障的自主维修	王锐	三等奖
68	木为梁＆当贝尔	文创产品新思路	罗永军	一等奖
69	太原市晋源区李琦工艺葫芦店	葫芦掐丝技艺	贾旺旺	二等奖
70	山西风火流星文化传媒有限公司	风火流星	侯铁明	二等奖
71	赵敬玲创新工作室	"二青"剪纸艺术项目	赵敬玲	三等奖
72	山西高记酿酒有限公司	晋祠米酒	高志成	三等奖
73	晋源区影视行业工会联合会	音诗画《晋源兴农曲》	杨翊	三等奖
晋源区第四届职工创新大赛暨晋阳文化工匠邀请（2020）				
74	山西木为梁文化创意有限公司	创意木艺	刘洋	一等奖（冠军）
75	元香社	传统香品	邢晓秀	一等奖（亚军）

续表

序号	单位名称	项目名称	带头人	奖项
76	山西省和瀑玺晋式刺绣有限公司	刺绣	王美萱	一等奖（季军）
77	太原市晋源区晋祠中学	剪纸	马丽莎	一等奖（殿军）
78	山西省太原市佳境花园小区	中国结	杨葆彦	二等奖
79	太原市嘉艺兴装饰公司	烙画	高建	二等奖
80	山西汇栋电气有限公司	《光兆度仪》	郭文华	二等奖
81	万柏林外国语小学	剪纸	李瑞红	二等奖
晋源区第四届职工创新大赛暨晋阳文化工匠邀请（2020）				
82	晋源区晋祠镇平底窑小区	手工针织	曲翠云	二等奖
83	凤凰陶笛音乐工作室	哨埙	薛英	二等奖
84	太原市恒伦悦伦口腔医院有限公司	牙科	刘瑞星	二等奖
85	晋源重点工程指挥部	晋源美食	张俊杰	二等奖
86	杜俊梅工作室	串珠	杜俊梅	三等奖
87	太原市小店区北格镇卫生院	刺绣	韩莉莉	三等奖
88	晋源区晋祠镇龙兴苑小区	金属丝工艺品	贺双	三等奖
89	晋源街道黄冶幼儿园	刺绣	胡建婵	三等奖
90	黄晓梅工作室	扎染	黄晓梅	三等奖
91	山西美佳矿业装备有限公司	矿用电气	李俊	三等奖

续表

序号	单位名称	项目名称	带头人	奖项
92	—	插花	马敬淇	三等奖
93	香飘飘草莓种植	草莓种植	王继红	三等奖
94	太原植物园	盆景	阎万生	三等奖
95	温度空间	绳编	杨庆燕	三等奖
96	太原市培训机构	布艺贴画	张改萍	三等奖
97	太原市尖草坪区指艺轩面塑创作室	面塑	赵翠莲	三等奖

链接：

晋源区第二届“五小六化”职工创新大赛圆满落幕

近日，晋源区第二届“五小六化”职工创新大赛在晋源区职工创新交流中心落幕。本次大赛分为创新类和创作类分别进行发表。经过初选，创新类有包括机械创新、设备改进等 8 个创新项目进入发表环节，创作类有包括瓷器、根雕、葫芦镂空技艺等 15 个创新作品项目进入发表环节。

市总工会表示，本次大赛的项目含金量很高。从 2015 年开始，省总工会一直推进“五小六化”竞赛活动，太原市在全省取得了很好的成绩，数目和质量在全省名列前茅，尤其是晋源区的“五小六化”项目都十分有价值，希望晋源区的创新工作越干越扎实。

（2018 年 12 月 28 日《太原日报》05 版）

“五小六化”竞赛展高手在民间

五小不小，小中见大。在昨日上午开展的全省“五小六化”竞赛成果精品展上，与彰显我省工业特色的各种创新发明相比，一批与百姓生活紧密相关的小发明、小创造、小革新、小设计，更加引起大家的关注。他们的设计者有的是老农民，有的是年富力强的科技工作者，还有的是一线教师，他们巧手改良的小设备、小教具、小仪器，有的已经走进百姓生活，有的还在科学探究的路上。

小创新引领生活

老家在临汾的“80后”青年曹思远，大学毕业后留在晋中市一家数字技术有限公司工作，平时就爱琢磨问题的他，这次还真的有了收获。他的“自制物体扫描辅助夹”在全省“五小六化”竞赛活动中获得二等奖。

昨天，小曹借用“3D”技术打印出来的辅助夹子，向人们展示自己的成果。“以前，人们使用扫描仪获取数据，大物件都好办，可遇到小到像贝壳、海螺一样的物体，就不好办了，它们体形特殊、身量又小，很不容易把每个细节都准确扫描到，我的设计就是这样一个简单的夹子，灵感来自日常可用到的地球仪。”

在大同市展区，阳高县女孩高杰带来的是一款红色亮丽的太阳能电动汽车，虽然看起来还有些简陋，但她目前已经研发出了第三代产品，并成功销售出 6 台。“太阳能是绿色能源，我和爸爸从 2015 年开始做研发，现在已经获得了国家专利，还成立了太阳能电动汽车创新工作室，希望将来这项环保能源能带给大家带来更多的福利。”

老农民16年坚持小发明

今年51岁的吴艾祥是左权县人，他的工作基地和实验室在我市晋源区五府营村。2001年，老吴在同学帮助下，在五府营村租下3亩地，一半种蔬菜，一半种树苗，不为赢利赚钱，只为自己做科学研究。

成果展上，他带来的展品是一种名为“绿归宝”的酱油色液体。别看黑乎乎的装在瓶子里，杀虫子的效果却了不得。“其实，成分很简单，厌氧菌、纯净水、白糖、植物油，把它们按我的方法‘兑’在一起，就有奇迹再现了！”生怕旁人听不懂，老吴干脆打起了比喻：“厌氧菌是去杀虫子的部队，糖是军粮，植物油就是士兵的铠甲，用它们做成的厌氧微生物菌制剂，绿色无公害，环保无污染！”

去年，老吴的科研成果获得了国家专利，也引起了许多农业专家的注意，目前他的产品对蔬菜上常见的菜青虫、根结线虫、甲虫、蝼蛄等都有奇效，已经有不少企业找他来合作。可老吴的心思不在赚钱上，他还想研究出效果更好、污染更小的“杀虫剂”来。

物理老师的创新

1988年出生的霍长禄，是平遥县卜宜乡第二初级中学的一名物理老师。这次来太原参展，他带来了自己琢磨4个多月才“搞定”的“光的反射折射一体实验仪”。

“在日常教学中我发现，初中物理教材上在教学生如何探究光的反射、光路可逆、光的折射等规律时，实验器材简单粗陋，操作方法烦琐枯燥，不仅难以用实验说明问题，还极易引起学生的急躁情绪，十分不利于学习，于是，我就想着通过改良仪器，看能不能改进这个传统的实验操作。”

小霍老师演示中用的绿色激光头、大功率绿色激光、亚克力板和刻度尺做成的实验仪，很快就引来了一批观众。“瞧，我从左边射入红光，你能看到吧，红光从右边折射出来啦，喏，你拿刻度尺去量量，看看角度是否相等？”他一边说着，一边给大家亲手演示，“实验时间缩短了，获取数据准确了，我的学生都对这个仪器很感兴趣，别的老师上这个实验课，也会到我这儿来借仪器，课堂效果很好呵。”

据省总工会相关负责人介绍，去年我省“五小六化”竞赛活动中，事业单位教学类项目上很有突破。此次，共有 6 所中小学、4 所大学的 10 项成果获奖，霍老师的小创新获得了全省大赛二等奖。

据省总工会负责人介绍，目前我省的“五小六化”竞赛活动，不仅激发出全省企事业单位职工、高校师生和农业战线科技人员的创新精神，而且呈现良好发展势头，仅 2017 年产生的直接经济效益就达 76.5 亿元。

（2018 年 1 月 9 日《太原晚报》06 版）

第四篇 『晋源工匠』人才基本特征

晋源区工匠人才济济，本次取样调查92名技能型人才（以下简称为“百名工匠”），覆盖面广，代表性强，基本能够反映出晋源区技能型人才队伍的整体水平。工匠人才的人口特征包括年龄、性别、教育程度、收入水平、职称和技术等级等。研究工匠人才的人口特征，不仅有助于判断样本的代表性，还有助于深入分析晋源区技能型人才结构和差异性政策诉求。

第一节 年龄分布

本次调查的百名工匠人才，21~30岁占4.44%，31~40岁占26.67%，41~50岁占34.44%，51~60岁占22.22%，60岁以上占12.23%。由此可见，晋源区技能型人才年龄结构梯队总体合理，30~50岁人群为本次调查的主要参与者，构成“晋源工匠”人才的中坚力量。李凌牛、要金海、高树泉等工艺大师年龄都在70岁以上，他们德高望重、成绩卓著，对手工技艺的传承和发展起到了积极的推动作用。李琦、朱霞、韩伟、武茂盛等一批优秀的年轻手工艺人为晋源区工匠群体注入新鲜血液，正逐渐成为文化工匠的主导力量。

表 4-1　工匠人才年龄分布

年龄段	21~30 岁	31~40 岁	41~50 岁	51~60 岁	60 岁以上
占比	4.44%	26.67%	34.44%	22.22%	12.23%

链接：

太原“90 后”“晋源工匠”朱霞用沙画为家乡代言

伴着古声古色的旋律，一捧金黄色的细沙，一个方正的沙画台，沙子在灵巧的指尖飞舞凝聚，时而变成一座挺拔的山脉，时而成为一条蜿蜒的河流，几推几抹，明亮的灯箱上呈现出古晋阳八景之一的汾河晚渡。“哇，好漂亮，老师，快教教我们。”

11 月 6 日下午 3 时许，晋源区一电学校的沙画社团课上，小时代沙画工作室的志愿者朱霞带领同学们学习沙画。

体验指尖上的艺术魅力

利落的短发，精致的五官，刚刚步入而立之年的朱霞，已是省城沙画界的领军人物。

“朱老师，我已经学会画山水风景了。”“朱老师，最近我看了你介绍沙画的视频，太漂亮了，今年开学特意报名来学习。”……当日下午的沙画社团课上，因疫情防控许久未上课的朱霞，一进入教室，就被等候的学生们围住了。

拿出沙画盘，摆满了干净的沙子，朱霞带领孩子们充分发挥自己的想象力和创造力。看到屏幕上一会儿出现一只小白兔，一会儿又变成了一片森林，学生们兴奋地欢呼鼓掌。“老师，我也想画！”

几个学生跃跃欲试，课堂气氛热闹又欢快。

其实，朱霞担任晋源区一电学校沙画社团的老师，已有三年多了。为了推广沙画，她和同事们在晋源区十余所学校都有很多免费的普及课程。在她看来，沙画最大的魅力是让人静下心来，找到自信和愉悦。

朱霞说道："孩子有着童趣和强烈的表现欲，他们的喜怒哀乐跃然纸上，沙画则能让孩子以最放松的状态专注投入并享受其中，在玩中学，在体验中感悟，通过沙画孩子们变得认真而有耐心。画沙画的孩子，外表安静专注，内心却是自由、跳跃、灵动的。"

多年来她还坚持义务去教自闭症和聋哑孩子学习沙画，"他们有自己的世界，虽然很难沟通和交流，但我能感受到沙画带给他们的快乐和变化，沙画能让他们瞬间安静下来。"

借助沙画开启创业之路

朱霞自幼喜欢绘画，高中时期通过激烈的艺考之路，开始进入专业领域学习。

第一次接触到沙画是在大学期间，当时她看到一段介绍沙画的视频，一抹细沙从指间或远或近、或轻或重流向沙画台，伴随音乐旋律和朦胧灯光，她突然发现原来流沙可以描摹世间百态，可以是茫茫戈壁，漫漫黄沙的豪迈与激情，也可以是人们心中最朴素的点滴回忆，温柔而又细腻，撩动人们心中最柔软的部分。沙画点燃了朱霞的创作灵感，从此开启了她执着的追求之路。

"沙画，最难的还是手上功夫。沙子不像笔，没有形质，撒出去的沙子关键是控制好数量。"朱霞不断揣摩、自学沙画。大学毕业后，她又拜师进行系统学习。因为有多年的绘画基础，朱霞很快掌握了技巧，逐渐崭露头角。《嘿，幸好遇见你》是朱霞一幅得意作品，花了近一个星期完成，内容讲述了好朋友的爱情故事。

此时的朱霞敏锐地发现，原来沙画市场缺口较大，优秀的沙画师更是稀缺，她由此萌生了创业的想法，开办了自己的沙画工作室。

用沙画为美丽家乡代言

一撒、一甩、一抹、一勾、一挑，细微绵软的沙粒缓缓流过朱霞的指间，跨越千年的晋祠、古色古香的双塔、漫山红叶的龙山……一幅幅有灵气、有生命的沙画作品诞生，也让这个年轻人脱颖而出，成为山西沙画界的新宠。而且，朱霞还从传统的动态沙画引申研究出沙瓶画、沙盘画等一系列沙绘形式和各种沙质艺术品。

工作室成立之后，除了教授孩子们学习沙画外，朱霞用更多的时间将沙画融入家乡晋源诸多名胜古迹的创作。“我之前学过国画，就想把国画的意境与沙画艺术融合在一起，尝试用沙画制作了很多展现省内外自然风光与名胜古迹的作品，有长城、壶口瀑布、太行山等。”朱霞进一步介绍说，作为“晋源工匠”，自己的责任就是用作品来宣传美丽的家乡。

去年二青会期间，朱霞还创作了体操、游泳、龙舟等 12 个体育项目的沙画艺术品。说起创作的初衷，朱霞说：“第二届全国青年运动会在我们山西举行，观看了艺术体操比赛后，我深深地被体育之美打动了，当时就想把这些画面通过沙画定格下来。”

在朱霞的不懈努力下，小时代沙画工作室荣获全国艺术特长生水平指定测评机构、沙画艺术进校园示范基地、山西省工艺美术协会沙画艺术专业委员会副会长单位、山西省沙画艺术评审测评中心等荣誉。

给我一捧沙，让我为你舞沙成画！朱霞有一段4分30秒的沙画视频，以一个手影的不断变幻，绘出了双塔的挺拔，道出了晋祠的悠久，展现了天龙山的气势，让人看了啧啧称赞。“我用自己的双手画出家乡的美景，是一件无比幸福的事情，我要一直坚持下去。”朱霞说。

（2020年11月9日《晋源发布》撰文：郜蓉　杨润德　王惠林　编辑：韩雪冰）

第二节　性别分布

表4-2　工匠人才性别分布

性别	男性	女性
占比	62.5%	37.5%

从性别角度看，男性工匠人才占62.5%，女性工匠人才占37.5%，男女比例为5∶3。可见，晋源区技能人才队伍中男性偏多，数量庞大的女性潜在劳动力有待进一步开发。

第三节　受教育程度分布

表 4–3　工匠人才教育程度分布

学历	初中	高中 / 中专	大专	大学	研究生及以上
占比	10.00%	35.00%	21.25%	30.00%	3.75%

晋源区百名工匠人才中，具备研究生及以上学历的工匠占 3.75%，具备大学学历的工匠占 30.00%，具备大专学历的工匠占 21.25%，具备高中或中专学历的工匠占 35.00%，具备初中学历的工匠占 10.00%。其中，王学强、邢晓秀与温鹏飞等均具备研究生学历，半数以上受访者都受过高等教育，他们认知能力强，不仅能够很好地传承和发展手工技艺，还能够对晋源区工匠发展情况以及政府各项扶持政策做出客观、公正的评价。

第四节　收入分布

1. 收入水平调查

本次调查的百名工匠人才，月收入为 3500 元及以下的工匠占 26.03%，月收入在 3500~5000 元之间的工匠占 35.62%，月收入在 5000~8000 元之间的工匠占 15.07%，月收入在 8000~10000 元之间的工匠占 17.81%，月收入在 10000 元以上的工匠占 5.48%。**可见，晋源区技能人才的月收入水平主要集中在 3500~8000 元之间，平均工资为 5400 元。2019 年太原市城镇非私营单位就业人员年平均工资为 80060 元，月平均工资为 6670 元。可见，晋源区技能型人才的收入水平还不高，明显低于全市城镇非私营单位就业人员平均工资水平。收入分配要向生产一线岗位的高技能人才进一步倾斜，确保能够有效吸引、激励和留住技能型人才。**

表 4–4　工匠人才收入分布

收入档次	3500 元及以下	3500~5000 元	5000~8000 元	8000~10000 元	10000 元以上
占比	26.03%	35.62%	15.07%	17.81%	5.48%

2. 收入结构调查

若定义技能收入为技能人才在工作实践中运用自己的技术、技能而获得的收入，则晋源区工匠人才技能收入分布为：月收入在3500元及以下的工匠占52.24%，月收入在3500~5000元之间的工匠占14.93%，月收入在5000~8000元之间的工匠占13.34%，月收入在8000元以上的工匠占19.40%。**晋源区工匠人才技能收入半数集中在3500元及以下，月平均收入为4780元。可见，技能收入是工匠人才的主要收入来源之一。**

表 4-5　工匠人才技能收入分布

技能收入档次	3500元及以下	3500~5000元	5000~8000元	8000元以上
占比	52.24%	14.93%	13.43%	19.40%

表 4-6　技能收入占总收入比重分布

技能收入比重	2成以下	2~4成	4~6成	6~8成	8成以上
占比	22.78%	12.66%	10.13%	16.46%	37.97%

计算技能收入占总收入的比重，比重在2成及以下的工匠占22.78%，比重在2~4成之间的工匠占12.66%，比重在4~6成之间的工匠占10.13%，比重在6~ 8成之间的工匠占16.46%，比重在8成以上的工匠占37.97%。**可见，晋源区有4成工匠人才以一线技能岗位工作为主业，部分工匠没有全身心投入技术、技能工作中去，而是身兼多职，多渠道创收。因此，有必要提高工匠人才的技能收入和保障，让他们安心工作、静心做事，扎扎实实将自己的"绝技**

绝活”用在经济发展各项实践当中。

第五节　职称分布

工艺美术专业人员职称包括正高级工艺美术师、高级工艺美术师、工艺美术师、助理工艺美术师以及工艺美术员。从专业技术职称分布上看，晋源区百名工匠中高级工艺美术师占 5.68%，工艺美术师占 26.14%，工艺美术员占 3.41%，暂时没有职称的占 64.77%。专业技术职称是反映技能人才技术水平、工作能力的标志。2018 年 11 月，人社部印发《人力资源社会保障部关于在工程技术领域实现高技能人才与工程技术人才职业发展贯通的意见（试行）》（人社部发〔2018〕74 号），破除人才发展的思想观念和机制体制障碍，为高技能人才开通了职称评审的通道，最大限度地激发各类人才创新、创造、创业的活力。因此，有必要鼓励各类技能人才参与专业技术职称评定，提升自身的品牌价值。

表 4–7　工匠人才职称分布

职称	高级工艺美术师	工艺美术师	工艺美术员	都不是
占比	5.68%	26.14%	3.41%	64.77%

第六节　非遗级别分布

目前，非遗传承人级别包括国家级、省级、市级以及县 / 区级。从非遗传承人级别上看，晋源区工匠人才中国家级非遗传承人占 1.11%，省级非遗传承人占 6.67%，市级非遗传承人占 14.44%，县 / 区级非遗传承人占 23.33%。其中，侯铁明为国家级非遗传承人，要金海、闫永红等为省级非遗传承人。**可见，晋源区工匠人才梯次结构合理、覆盖范围广泛，能够满足晋源区创建国家级全域旅游示范区、实现经济高质量转型发展的技能人才需求。**

表 4–8　工匠人才非遗级别分布

非遗级别	国家级	省级	市级	县 / 区级	都不是
占比	1.11%	6.67%	14.44%	23.33%	54.44%

第五篇 『晋源工匠』人才技艺现状

调查晋源区工匠技艺情况，有助于全面掌握技能型人才技艺类别、技艺水平、技艺特色及技艺在行业、全市乃至全省所处的地位与水平，为后期推进工匠孵化行动、工匠集聚发展提供数据支撑和特色人才服务。

第一节　技艺类别

根据文化和旅游部、工业和信息化部联合发布的第一批国家传统工艺振兴目录，传统工艺包括服饰制作、编织扎制、雕刻塑造、家具建筑、金属加工、剪纸刻绘、陶瓷烧造、文房制作、漆器髹饰、印刷装裱、食品制作、中药炮制、器具制作等多个类别。本次调查的百名工匠人才，从事雕刻塑造的占 20.65%，从事剪纸刻绘的占 14.13%，从事器具制作的占 6.52%，从事家具建筑的占 5.43%，从事金属加工的占 3.26%，从事中药炮制、食品制作、编织扎制和纺染织绣的都占 2.17%，从事漆器髹饰、文房制作与陶瓷烧造的都占 1.09%。**可见，晋源区技能人才云集、文化名家荟萃，技艺类别覆盖范围较为广泛，门类较为齐全，尤其是雕刻塑造与剪纸刻绘人才**

较为集聚，能够为晋源区建设文旅产业融合示范区、创建国家全域旅游示范区提供强有力的人才支撑。

表 5–1　工匠技艺类别分布

工匠技艺类别	占比
雕刻塑造	20.65%
剪纸刻绘	14.13%
器具制作	6.52%
家具建筑	5.43%
金属加工	3.26%
中药炮制	2.17%
食品制作	2.17%
编织扎制	2.17%
纺染织绣	2.17%
漆器髹饰	1.09%
文房制作	1.09%
陶瓷烧造	1.09%
其他	38.04%

第二节　技艺特色

表 5–2　传统工艺特色体现

技艺特色	技艺	造型	纹样	其他	原材料
占比	62.96%	43.21%	24.69%	22.22%	17.28%

目前，传统工艺文化产品的“同质化”现象较为普遍。强化区域特色，避免千篇一律，是传统技艺传承与发展的有效途径。在技艺创作方面，调查显示，认为技艺体现晋源特色的工匠占 62.96%，认为造型体现晋源特色的工匠占 43.21%，认为纹样体现晋源特色的工匠占 24.69%，认为制作材料体现晋源特色的工匠占 17.28%。可见，部分技能人才在创作过程中，依然保留着晋源区传统的图案、色彩及制作工艺。清华大学美术学院教授王建中曾强调：“工艺美术在创新过程中，地域特色再强调也不为过。只有这样，未来才能更好。”**可见，技能人才应以创新的方式传承传统技艺，突出地域特色、时代特色，才能创作迎合时代需求的特色手工艺品。**

第三节　技艺水平

对于工匠人才的技艺水平，认为技艺水平全国最高的占 9.88%，认为技艺水平本省最高的占 13.58%，认为技艺水平本市最高的占 12.35%，认为技艺水平全县 / 区最高的占 28.40%，认为技艺水平一般的占 11.11%。其中，第三届“晋阳工匠”要金海及其团队作品于 2012 年被评为“世界最大最长晋文化彩灯组”，载入最大花灯的世界吉尼斯纪录；刺绣艺术家、山西省工艺美术大师武俊敏等省级非物质文化遗产项目代表性传承人，曾荣获“全球华人晋商关公奖”、第二届“晋阳工匠”、太原市十大新锐企业家等称号。其生产基地就在晋源区庞家寨村。**可见，晋源区已集聚一支结构合理、技艺精湛、素质优良的技能型人才队伍。**

表 5–3　工匠技艺水平分布

技艺水平	一般水平	全县 / 区最高	全市最高	全省最高	全国最高	不确定
占比	11.11%	28.40%	12.35%	13.58%	9.88%	24.69%

第六篇 『晋源工匠』人才技艺传承

工匠精神与工匠技艺需要在发展和变化之中传承与创新。对于技艺传承,"师带徒""父传子"等方式是技能型人才传授技艺的古老方式。随着时代变迁,技艺传承面临诸多问题和挑战,有些门类甚至有失传风险。只有形成全面且成体系的技艺传承模式,才能吸引和培养更多的技能人才。可见,技能型人才的传承情况值得关注。

第一节　技艺家人认可情况

表 6-1　家庭共事传统技艺人员数分布

家庭共事传统技艺人数	1 人	2 人	3 人	4 人	5 人及以上
占比	40.74%	24.69%	20.99%	8.64%	4.94%

工匠技艺家传制度自古有之且至今盛行。调查显示,多数技能人才都伴有家人从事技艺创作,其中有 1 位家人相伴的工匠占 24.69%,有 2 位家人相伴的占 20.99%,有 3 位家人相伴的占 8.64%,有 4 位及以上家人相伴的占 4.94%,没有家人相伴的工匠占 40.74%。工匠技艺的有效传承,不仅要得到社会认可,也要得到家

人认可。晋源区有五分之三的技能型人才有家人相伴共同从事传统技艺创作，表明技能型人才家人认可度较高，流传有序，为工匠技艺“家族世代相传”制度延续提供了保障。

第二节　技艺传承情况

1. 从事技艺年限

表 6–2　技能人才从业年限分布

从业年限	5 年及以下	6~15 年	16~25 年	26~35 年	35 年以上
占比	5.19%	29.87%	35.06%	16.88%	12.99%

技能型人才从事技艺年限方面，从事技艺 5 年及以下的工匠占 5.19%，从事技艺 6~15 年的工匠占 29.87%，从事技艺 16~25 年的工匠占 35.06%，从事技艺 26~35 年的工匠占 16.88%，从事技艺 35 年以上的工匠占 12.99%。百名工匠中，韩福元、李凌牛、高树泉、要金海等 6 人从事技艺年限都在 40 年以上，均是自幼开始传统技艺的学习，其中高树泉从业时间最长，从事工匠文化创作距今已有 47 年。可见，晋源区大部分工匠人才都有多年的技艺年限和丰富的技艺经验，同时也表明技能人才年龄结构老化问题较为明显，后继人才的培养迫在眉睫。

2. 技艺传承原因

在过去，手艺人有了技术就等于有了谋生的手段。手工技艺需要多年的劳作和体悟才能达到一定的高度，在经济快速发展的当代，就业渠道宽、岗位多，愿意从事手工技艺的年轻人不断减少，而基于兴趣从事手工技艺的年轻人不断增多。调查显示，因兴趣传承手工技艺的工匠占 80.25%，因营生 / 增加收入传承手工技艺的工匠占 38.27%。其中，要金海、李琦等一批优秀工匠均是因为兴趣从事传统手工技艺，才取得今天非凡的成就。**兴趣永远是传统技艺传承最重要的因素，晋源区技能人才大部分是出于兴趣学习或从事某项手艺，有着广阔的成长空间和发展潜力。**

表 6–3　技艺传承原因调查

技艺传承原因	兴趣	营生 / 增加收入	其他
占比	80.25%	38.27%	28.40%

3. 技艺学习渠道

表 6–4　技艺传承方式调查

技艺传承方式	占比
师父	34.57%
父母 / 长辈	34.57%
书本	25.93%
网络	24.69%
院校老师	18.52%
培训班老师	12.35%

续表

技艺传承方式	占比
朋友	11.11%
邻里	2.47%
其他	17.28%

对于技能人才手工技艺的传承方式，调查显示，从父母或长辈处传承的工匠占34.57%，由师父传授的工匠占34.57%，从书本学习的工匠占25.93%，从网络渠道学习的工匠占24.69%，跟随院校老师学习的工匠占18.52%，跟随培训班老师学习的工匠占12.35%，从朋友处传承的工匠占11.11%，跟随邻里学习的工匠占2.47%。**可见，晋源区工匠人才技艺传承方式多种多样，但“师带徒”“父传子”等方式依然是主流模式。随着信息化的快速发展，网络和书本未来必将成为技艺学习的主要渠道。因此，有必要利用现代科技手段，以创新的方式传承传统技艺，推动手工技艺更可持续地发展。**

第三节　招徒带徒情况

1. 学徒人数

“师带徒”是各行各业的老传统。本次调查的百名工匠人才，带徒10人及以下的工匠占56.94%，带徒11~20人的工匠占11.11%，带徒 21~50 人的工匠占 13.89%，带徒 50 人以上的工匠占 18.06%。可见，晋源区工匠人才"师带徒"现象较为普遍，能够保障手工技艺的有效传承。百名工匠人才中，刘洋、张跃进、刘志红、赵敬玲和朱霞等带徒较多，较好地发挥了"师带徒""传帮带"作用。

表 6–5 学徒人数分布

学徒人数	10 人及以下	11~20 人	21~50 人	50 人以上
占比	56.94%	11.11%	13.89%	18.06%

链接：

张跃进：晋源老花匠让枯木再逢春

一把花剪被他"舞"得随心所欲，一株盆景被他"修"得赏心悦目，一座公园被他"装"得美不胜收。64 岁的老花匠张跃进将自己的一辈子都献给了花，献给了这个让整个家族都引以为豪的事业。

11 月 12 日，在张跃进的花艺工作室，他正在自家大棚内仔细地养护花卉。茉莉、绿萝、迎春……他细细地向大家介绍大棚里的每一株植物，看向植物的眼睛里，是化不开的柔情。看着满目苍翠的大棚，听着张跃进温情的介绍，让人心情一下愉悦了不少。

小型盆景展示花匠技艺

"今天来给你们看看我最得意的几件作品。"说着，张跃进打开一扇小门，来到室外。几株地道的北方"枯木"小型盆景整齐地摆放在架子上，苍古雄奇、形态各异，它们或树干弯弯扭扭似龙似蛇；

或树根裸露、盘根错节……一眼看去，有一种难以名状的美感。“这些树可都是活的，别看它们小，最少也有几十年的历史了。”张跃进看着自己的得意之作，开心地笑道。

最为惊奇的是一棵生长在石槽里，半米有余的石榴树，树干裸露在外，一眼看去，仿佛敞开了臂膀向外人展示它内部的轮廓，干枯的枝头上甚至还结下一颗拳头大的石榴。张跃进在树干的右侧放置了一座微型假山，颇有些古木独石的意蕴在其中。

北方盆景讲究“古根透秀”。古，显得老，有年头，枯木逢春；根，提根露爪，还要扎根泥土；透，透过根系可以看到盆景后面的景色；秀，整体盆景还要秀气。“培养前脑海中就要有盆景最终的样子，根据植物的生长条件，挑选有观赏价值、艺术价值的植物，作为盆景植物选择的参考，经过不断的人工干预，得到令自己满意的盆景。”听起来似乎轻描淡写，但这背后沉淀了他 40 余年的园艺经验。

园林柽柳欲成龙城一景

看完小型盆栽，我们又跟随张跃进来看室外的几株大型盆栽。三春柳（柽柳），别名垂丝柳，枝干遒劲，姿态婆娑，这也是近些年张跃进在大型盆栽方面的研究方向。为此，他多次深入山林、河沟、荒地和汾河滩，寻找适合做大型景观树的柽柳。谈及近期几棵柽柳由于种种原因未能到他手里做成大型盆景，张跃进的脸上满是遗憾。

“柽柳在北方做园林景观是非常好的选择，目前的城市园林还未曾有此类景观树，我觉得这是未来城市园林发展的趋势，希望通过我的先行先试，让柽柳在太原的景观树中有一席之地。”张跃进这样畅想，“未来在植物园、体育公园栽上，就好看了。”言语间，张跃进难掩兴奋。

我省地处北方，四季分明，落叶树种极多，可作盆景的常绿植物却极为稀缺。立足现有资源，通过控制花期，精心设计修剪，结合南方盆景的造型艺术将北方落叶植物做成“苍古雄奇、雄姿粗狂、诗意豪放”的“晋派”盆景，成为张跃进在40年园林生涯中最为出彩的技艺。目前，出自张跃进工作室的“晋派”盆景，正逐步受到市场青睐。

三代传承锻制一门匠心

据了解，张跃进的家族是个“花匠世家”。爷爷是当地很有名气的花匠，父亲曾是太原市园林局晋源苗圃的首任党支部书记，岳父一家也是园艺之家，爱人的草花艺术在省城同行中，提起来也是响当当的。一双儿女更是从小耳濡目染，在心底播下了园艺事业的种子。目前，儿子和两个侄儿仍在跟随着他做花卉苗木事业。

“我这一辈子都在搞园艺，上一辈、下一代都在从事园艺工作，作为传统古典园林营造技艺传承而言，很难。尤其是现在的年轻人，没吃过苦，能坚持下来，就更不容易了。”张跃进坦言：“干我们这一行，发不了什么大财，但我一直在教育我的孩子，做人要有坚守，不能让这门技艺在我们手里失传。下一步，我还要从艺术角度和景观方面提高我们太原市园林层次美化效果，结合晋阳文化的独特技艺和太原旅游景观、古典建筑特点，让艺术景观焕发古与新、传统与现代的光彩。”

一花一草一木，一人一生一事。有人称张跃进为“大师”，有人称他为“工匠”，但对他自己而言，更喜欢别人称他为“花匠”。“老一辈称‘匠’是大家认可你的手艺，称‘花匠’就挺好的。”张跃进笑道。

（2020年11月12日《晋源发布》文：王培霖 杨润德 梁月仙 编辑：韩雪冰）

2. 新招学徒人数

2019年新招学徒，招徒5人及以下的工匠占68.49%，招徒6~10人的工匠占10.96%，招徒11~20人的工匠占6.85%，招徒20人以上的工匠占13.70%。2019年5月，中国注册烹饪大师王力群在晋源设立工作站。在太原市晋源区总工会支持与推动下，其徒弟郑永强随后成立工作室，开展烹饪课题研究，积极编撰《味道晋源》一书。

王力群工作室视频

2020年5月20日，晋源区第三届“晋源工匠”命名暨“师带徒”签约仪式在晋源区职工创新交流中心隆重举行。科技、文化、传统手工艺三个领域的18名“晋源工匠”接受命名表彰，其中谷瑞芳、李琦等6名“晋源工匠”与徒弟现场签订“师带徒”协议。2019年7月，晋源区餐饮行业工会联合会成立。“晋源工匠”郑永强当选为主席。全区厨师酒店行业有了自己的组织。2020年11月，郑永强创新工作室6名成员郑永强、李拉弟、乔利俊、梁俊峰、李利峰、王翠玉经严格考评，均被授予首批“中国晋菜大师”称号，在全省县区一级独树一帜。**可见，太原市晋源区总工会高度重视工**

匠人才"师带徒""传帮带"活动，手把手传授匠心匠艺，炼匠艺、铸匠心、筑匠魂、塑匠人，有效发挥劳模、工匠和各类高技能人才示范带动作用。

表 6–6　当年新招学徒情况

当年新招学徒	5 人及以下	6~10 人	11~20 人	20 人以上
占比	68.49%	10.96%	6.85%	13.70%

链接：

李琦和他的葫芦"宝贝"

葫芦在中华文化中一直是吉祥的象征。一颗普通的葫芦，经过"晋阳工匠"李琦的一双巧手打磨，就能变成精美的灯饰、吉祥的摆件、别具匠心的钟表托架、暗藏玄机的打火机……

2019 年 6 月，李琦的葫芦镂空雕刻被列为山西省太原市市级非物质文化遗产。李琦也在传承中创新、发展中求变，将传统的吉祥图样与现代文化相结合，让手中的"葫芦宝贝"走得更远。

42 岁的李琦，从小就与葫芦结下不解之缘。从他记事起，便和父亲一起学着种葫芦。看着父亲在葫芦上烙画，他也学着父亲的样子拿着烙笔在葫芦上作画。一个葫芦，一支笔，在桌子前一坐就是大半天。如今，李琦的家中俨然是一个小型"葫芦博物馆"，摆满了各式各样的葫芦制品。

"葫芦在过去是舀水盛酒的工具，随着社会的发展逐渐失去了价值。”20 岁那年，一次偶然的机会，李琦发现葫芦镂空透光后的光影造型特别美，便迷上葫芦灯制作，这一做就是 20 多年。“当时我就想，葫芦作为传统文化中‘福禄’的代表，一定还能有更大作为。”

在李琦的雕刻技艺为葫芦带来“新生”的同时，葫芦也成就了他的工匠精神。设计草图、手绘图案、用不同的刻刀雕刻、最后进行打磨……迷上葫芦灯的李琦开始了漫长的钻研之路，在他看来，从烙画葫芦到镂空雕刻葫芦灯，难度不是一个级别。

“葫芦是自然生长的，不仅一个葫芦一个样，就是同一个葫芦不同位置的厚度和纹理也有很大区别。”李琦说，雕刻葫芦时必须要有精准的把握，使用不同的力度，“雕轻一点破不了壁，一旦用力过猛则会前功尽弃。”

在李琦看来，雕刻艺术虽被誉为“刀尖上的舞蹈”，但实际的雕刻过程枯燥又烦琐，一不小心手滑，刻在图案之外是常有的事，“手上划个小口子、小裂子，早期都是家常便饭。如果不是热爱，很难坚持下来”。

20 多年的钻研，在经过无数次失败和尝试后，李琦已对葫芦了然于胸。他不仅熟练地掌握了葫芦灯的雕刻技巧，还能从葫芦的选籽、种植、培育、收获开始绸缪，“什么样的葫芦做什么用，适合做成什么样的灯，咱都心里有数”。

在李琦看来，葫芦灯制作也需要多样化，而烙画作为历史悠久的传统工艺，恰与雕刻形成互补。“作为手艺人，在创新的同时传统技艺咱也不能丢。”李琦说，雕刻较于烙画更具现代感，两者结合相当于历史与现代的融合。

李琦制作的葫芦灯既有装饰的美感，也有照明的实用性。如今，他的作品已初步分为五大系列，有上百种花式、图案。李琦认为这正是纯手工雕刻的魅力所在，“只要有创意和灵感，就能挖掘出更多的美丽”。

这些年，因为这些“葫芦宝贝”，李琦收获了诸多荣誉。2019年6月，他的葫芦镂空雕刻技艺被列为太原市市级非物质文化遗产。2020年12月，他又被太原市委、市政府命名为“太原市第三届晋阳工匠”。而他的葫芦灯也渐渐在业界传开，引得不少人上门“求宝”。

为了让手上的技艺“走得更远”，被更多人所熟知，李琦还设计制作了葫芦酒壶、打火机、小挂件、手把件等。一个个不起眼的葫芦，正通过他的手，成为可以给人们带去祝福与吉祥的小物件。

（2021年02月24日　新华网　文：武斌）

3. 传授方式

表6–7　技艺传授方式分布

传授方式	言传身教	技艺演示	培训班教学	口耳相传	远程教学	其他
占比	69.14%	64.20%	32.10%	28.40%	18.52%	18.52%

言传身教是历史流传下来培养技艺人才的有效做法和传统美德。对于当代手工技艺传授，采取言传身教方式的工匠占69.41%，采取技艺演示的工匠占64.20%，采取培训班教学的工匠占32.10%，采

取口耳相传的工匠占 28.40%，采取远程教学的工匠占 18.52%。**可见，晋源区工匠人才具备言传身教的高尚品德，传授方式较多采用“面对面”传统教学互动模式。在互联网快速发展的当下，传统工艺的技术传承也应与时俱进，将传统文化和新兴技术结合起来，利用科技传承传统技艺，才能让技艺传承得更深远、更广泛。**

4. 学艺动机调查

对于学徒学习手工技艺的动机，学徒以培养业余爱好为目的的工匠比例为：一至三成学徒的占 23.61%，四至六成学徒的占 27.78%，七至九成学徒的占 34.72%，十成学徒的占 4.17%。学徒以营生为目的的工匠比例为：一至三成学徒的占 41.10%，四至六成学徒的占 28.77%，七至九成学徒的占 16.44%，十成学徒的占 4.11%。**可见，兴趣爱好逐渐成为年轻人学习手工技艺的主要原因。在当代扩大手工技艺的覆盖面和影响力，有必要利用好互联网技术，一方面在线展示手工技艺，声形兼具激兴趣、图文并茂提效果，让更多的人了解、喜欢手工技艺；另一方面在线培训手工技艺，在线直播现场展示、网络学习悟体会，让更多的人学习、传承手工技艺。**

表 6–8　学徒学艺动机调查

学徒动机	1~3 成	4~6 成	7~9 成	10 成	无
营生占比	41.10%	28.77%	16.44%	4.11%	9.59%
培养业余爱好占比	23.61%	27.78%	34.72%	4.17%	9.72%

5. 学徒变化情况

表 6–9　2019 年学徒动态变化情况

学徒变化动态	增加（高）	稍增加（较高）	持平（一般）	稍减少（较低）	减少（低）
学徒学艺热情	25.97%	33.77%	18.18%	10.39%	11.69%
学徒流动性	6.25%	20.00%	46.25%	10.00%	17.50%
学徒人数	21.05%	17.11%	36.84%	9.21%	15.79%

为了综合反映工匠人才的学徒（学员）动态变化情况，可从学徒规模、学徒流动性和学艺热情三个方面进行评价。调查显示，59.74% 的工匠认为 2019 年学徒学艺热情高于上一年，22.08% 的工匠认为 2019 年学徒学艺热情低于上一年；26.25% 的工匠认为 2019 年学徒流动性高于上一年，27.50% 的工匠认为 2019 年学徒流动性低于上一年；38.16% 的工匠认为 2019 年学徒人数多于上一年，25.00% 的工匠认为 2019 年学徒人数少于上一年。**可见，大众学习手工技艺的热情有所增加，学徒人数稳中有升，愿意了解、接触、学习和传承手工技艺的年轻人逐渐增多。目前，工匠人才主要采用“面对面”教学方式，传授技艺的范围依然较窄，要扩大手工技艺的受众范围，就需要采用线上线下相结合的教学方式，让更多学员方便灵活地参与技艺学习，切实受益。**

链接：

晋源名厨荣获“中国晋菜大师”称号

2020年11月15、16日，山西烹饪餐饮饭店行业协会在晋中榆次全盛园酒店召开“2020山西名厨与饭店服务名师大会”。会上，晋源区餐饮行业工会联合会旗下六名名厨郑永强、李拉弟、乔利俊、梁俊武、王翠玉、李立峰被授予“中国晋菜大师”荣誉称号。

“中国晋菜大师”荣誉称号，是晋菜餐饮行业从业人员的一项至高荣誉，是对他们刻苦钻研、深入研究、精心制作、传承发扬晋菜的极大认可，也是餐饮行业践行党的十九大提出的“弘扬劳模精神、劳动精神和工匠精神”，营造“劳动最光荣、劳动最崇高、劳动最伟大、劳动最美丽”的社会风尚和“精益求精”敬业风气的具体表现。

作为新时代厨艺行业的创新者和领先者，晋源区餐饮行业工会联合会自成立以来，始终秉承“烹饪是艺术，就算作品生命短暂，也要把烹饪艺术作为毕生的追求”的理念，团队成员苦心钻研，不断探索创新烹饪技术。在晋源区委、区政府及区总工会的积极推荐下，该团队成员多次赴汾阳等地参加比赛，交流学习，成绩喜人，在山西省第七届餐饮大赛上摘金夺银。

近年来，晋源区委、区政府高度重视人才培养和工匠选树，积极寻访晋源地区工匠人才，支持成立工匠工作室，通过举办三届晋源区“味道三晋”厨艺大赛，命名了一批晋源名厨、名宴席、名菜、名小吃，在全区范围内掀起了选树工匠人才，弘扬工匠精神的热潮，同时增强了技术人才的“获得感、自豪感、荣誉感”。一年多以来，在区委、区政府的重视支持下，在晋源区总工会的帮助指导下，该团队收集整理、编撰出具有地方特色、地方标识性的烹饪书籍《味道晋源》一书，在餐饮行业引起较强反响。

王力群等中国烹饪大师纷纷看好晋源文旅产业发展前景，在晋源设立工作室，并收郑永强等为徒弟，有效提升了全区餐饮行业从业人员的技能本领。

（2020 年 11 月 18 日《太原日报》）

第七篇　『晋源工匠』人才产业带动

太原市晋源区于2015年入选山西"旅游综改示范县"，2019年入选山西省首批"文旅产业融合示范区"，并积极创建国家全域旅游示范区。因此，有必要调查晋源区工匠人才的产业带动情况，深入了解技能人才的经营模式、销售模型、带动就业、创收情况，有效挖掘媒体宣传对技能人才的影响，为加快推进文化旅游产业人才队伍建设提供数据支撑和决策依据。

第一节　经营模式

1. 当前经营模式

表7-1　"晋源工匠"创作模式

创作模式	个体工商/工作室	业余时间创作	家庭作坊	有限责任公司	其他
占比	39.51%	38.27%	30.86%	27.16%	11.11%

本次调查的百名工匠人才，注册个体工商户或开办工作室的工匠占39.51%，业余时间创作的工匠占38.27%，家庭作坊式运营的工匠占30.86%，开设有限责任公司的工匠占27.16%。可见，晋源

区工匠的创作模式主要以个体工商户、工作室和业余时间创作为主。由于多数工匠没有公司化运作，无法通过人才集聚、金融杠杆等实现规模化经营，也往往因无法提供销售票据影响了产品销售。

2. 后期公司化运作意向

调查表示，后期有公司化运作意向的工匠占62.82%，后期没有公司化运作意向的工匠占12.82%，暂时不确定的工匠占24.36%。可见，公司化运作是技能型人才创新发展的大势所趋。因此，太原市晋源区总工会和相关政府部门应对有公司化运营的技能人才提供精准帮扶，鼓励技能型人才在各类双创中心和工匠孵化基地注册公司，并给予一定的财政补贴，提高技能型人才公司化运营的积极主动性。

表7–2　工匠人才后期公司化运营意向调查

公司化运营意向	是	否	不确定
占比	62.82%	12.82%	24.36%

第二节　销售模式

1. 消费者购买动机

表 7-3　消费者购买动机

消费动机	个人收藏	送人礼物	生活需要	习俗需要	信仰需要	其他
占比	58.02%	55.56%	16.91%	25.93%	17.28%	16.05%

传统技艺按其功能特性一般可以分为实用性、欣赏性和宗教性三类。研究消费者的购买动机，有助于合理引导技能型人才明确产品定位、扩大产品销售。调查显示，当代消费者购买传统工艺品的动机有多种，个人收藏的占 58.02%，社交礼品的占 55.56%，生活需要的占 16.91%，习俗需要的占 25.93%，信仰需要的占 17.28%。**可见，手工艺品的实用功能明显减弱，消费者购买传统手工艺品主要用于个人收藏和社交礼品。手工艺品具有信息不对称特征，消费者往往因无法判断机器批量生产和手工制作的差异而放弃购买。因此，技能型人才要加强对消费者购买动机的研究，加大手工技艺知识普及力度，在提升技艺水平的同时，通过提升专业技术职称、非遗传承人级别来提升手工艺品附加值，进而提升手工艺品的收藏价值，推出一批适应时代生活和时代消费的精品力作。**

2. 销售渠道调查

表 7–4　手工艺品销售渠道

手工艺品销售渠道	占比
朋友订购	46.91%
微信朋友圈销售	41.98%
展览 / 展销会销售	40.74%
自有店铺销售	30.86%
DIY 手工坊	28.40%
销售给景区店铺	14.81%
直播 / 短视频销售	14.81%
淘宝等电商平台销售	12.35%
商贩	8.64%
销售给礼品店	7.41%
销售给特产店	7.41%
其他	23.46%

晋源区技能人才的销售渠道较为宽泛，其中朋友订购选择比例为 46.91%，微信朋友圈销售选择比例为 41.98%，展览或展销会销售选择比例为 40.74%，自有店铺销售选择比例为 30.86%，DIY 手工坊销售选择比例为 28.40%，景区店铺销售、礼品店销售和特产店销售选择比例分别为 14.81%、7.41% 和 7.41%，直播带货和短视频销售选择比例为 14.81%，淘宝等电商平台销售选择比例为 12.35%，商贩销售选择比例为 8.64%。其中，互联网运用水平提升较快，采用网络销售模式的技能型人才已达到 40%。**可见，技能型人才主要**

通过朋友圈、展览或展销会销售手工艺品，辐射范围非常有限。随着互联网技术快速发展，电商直播迅猛崛起，急需搭建集产品、作品、技艺、展览、展演、展销六位一体的平台，做好线下体验、线上销售新模式，只有这样，才能抓住当下年轻人娱乐习惯，进而开拓手工技艺的未来市场。

第三节　就业带动

表 7–5　工匠人才就业带动情况

工匠人才就业带动	5 人及以下	6~10 人	11~20 人	20 人以上
占比	65.0%	10.0%	10.0%	15.0%

在区委、区政府重视和大力支持下，晋源区总工会以培育选树“晋源工匠”和创建职工创新工作室为抓手，激发全区广大职工不断加强技术协作、技术培训、技术攻关和技术创新，促使创新工作室成为传承、弘扬工匠精神的重要平台和企业高技能人才的孵化器，技能人才在创新、创造、创业中的积极作用充分发挥。调查显示，92.4% 的技能人才都雇用了职员，其中雇用 5 人及以下的占 65.00%，雇用 6~10 人的占 10.0%，雇用 11~20 人的占 10.0%，雇用 20 人以上的占 15.0%。**晋源区工匠人才雇用人数虽然主要集中在 5**

人以下，但就业带动作用已经凸显。

第四节　创收情况

1. 传统工艺品价值

反映工匠人才经营规模的最好指标就是产值和销售额。调查显示，2019 年工匠人才手工艺品的产值情况为：5 万元及以下占 48.53%，6 万~10 万元占 14.71%，11 万~20 万元占 10.29%，21 万~100 万元占 17.65%，100 万元以上占 8.82%。可见，2019 年近半数工匠人才手工艺品产值在 5 万元以下，公司化运作的产值较高，其中萧刚团队产值达到了 500 万元，王学强团队产值达到了 300 万元，李琦、武茂盛、朱霞等团队文化创意产业初具规模。“晋阳工匠”罗永军，已获得 5 项国家专利、5 项软件著作权，并实现经济转化。他的产品在 2019 年末上市后一个多月的时间内，在未经商业推广的前提下转化销售 300 余万元人民币，并顺利通过京东自营、天猫平台的审核，在国内两大线上平台建立了线上销售渠道。国际市场方面，已经与俄罗斯客户完成签订 3 年 1000 万的订单协议。

表 7–6　工匠人才 2019 年产值情况

2019 年产值	5 万元及以下	6 万 ~10 万元	11 万 ~20 万元	21 万 ~100 万元	100 万元以上
占比	48.53%	14.71%	10.29%	17.65%	8.82%

链接：

助力非遗传承发展　首批"晋源工匠"作品上线销售

运用大数据平台，助力工匠做大做强，实现产品和产业升级

7 月起，晋源区总工会联手全球蛙电商平台，首次在线上推出 10 位"晋源工匠"的百余件匠心佳作，进行展示和"订单式"销售。去年至今，晋源区总工会联合相关部门共选树了 38 位"晋源工匠"。今年，从事老榆木手工制作的刘洋等三位工匠还被市委、市政府列为"时代新人 · 晋阳工匠"。

晋源区总工会工作人员在市场调研中发现，38 位"晋源工匠"中，从事传统工艺和非物质文化遗产传承的工匠超过了三分之二，他们独具匠心的作品在市场上很受欢迎。为了帮助这些工匠把产品和产业做大做强，晋源区总工会与我省本土最大电商平台——全球蛙主动对接，依托晋源区得天独厚的文化旅游资源优势和全球蛙平台强大的营销网络优势，在线上展示和推广工匠们的作品。

首批选出了 10 位"晋源工匠"和他们的百余件单品上线销售，具体包括传统剪纸、葫芦镂空雕刻、雕贴木艺、老榆木传统晋作家具、雁北刀客版画、丝带绣等。

据介绍，全球蛙新零售同城云平台是省政府重点支持项目。该平台负责人表示，将借助大数据平台，帮助“晋源工匠”和他们的文创团队，提升营销管理水平，实现店铺、商品、导购、会员、营销和管理的数字化。

（2019年7月1日《太原晚报》第08版　记者：裴怡）

助力工匠实现产品提档升级　首批“晋源工匠”作品登陆全球蛙

运用大数据平台，助力工匠实现产品和产业升级。6月28日，太原市晋源区总工会与全球蛙电商平台签署战略合作协议，首批推出10名“晋源工匠”的精品力作，在全球蛙新零售同城云平台上展示和销售。这在我省尚属首例。

在市场调研中，该区总工作人员发现去年选树的38名“晋源工匠”中，文化艺术类工匠占比超过了三分之二。他们的作品在市场上颇受欢迎。为了帮助“晋源工匠”做大做强，实现产品提档升级，晋源区总与我省本土最大电商平台——全球蛙主动对接，依托晋源区得天独厚的文化旅游资源优势和全球蛙平台强大的营销网络优势，展示和推广“晋源工匠”的文化艺术作品，让更多的消费者知晓他们独具匠心的产品。此次首批选出10名“晋源工匠”和他们的上百件单品上线全球蛙，包括传统剪纸、葫芦镂空雕刻、丝带绣等。

据介绍，全球蛙新零售同城云平台是省政府重点支持项目。该平台将借助大数据，帮助“晋源工匠”和他们的文创团队提升营销管理水平，最终实现店铺、商品、导购、会员、营销和管理数字化。

（2019年7月4日《山西工人报》第01版　记者：贺芳芳）

刘洋：一双巧手下的匠人精神

几把尺寸不同的手锯，两柄用了很久的凿子，一块毫不起眼的“榆木疙瘩”，刘洋的“行头”很简单。但随着刀锯在木头上切割，在沉闷的笃笃声中，一个个精美的木艺制品已经成型。它们所呈现出的朴素、典雅、温暖完美诠释了木料带给人们时光流逝的触感，同样也诠释了工匠的本心和初衷。

在弯弯绕绕的小路上一路向南，无边的田野不停地倒退，热辣的阳光让颠簸的路途显得格外漫长。远远望去，空旷的田野尽头竟然有一幢徽派风格的二层木制建筑，黄色木格窗与白色墙壁、灰黑色屋顶搭配得恰到好处。

走到近处，一个简单到朴素的院子却散发着极其浓厚的艺术气息，这里就是位于太原市晋源区野庄村的“山西老榆木传统技艺传习所”，它的女主人就是我们今天所拜访的匠人——刘洋，一位性格爽朗，饱含着蓬勃艺术气息的木艺工匠。

跨过木质门槛，我们进入了她的木头世界，老城砖搭建起来的照壁前，是她多年收集、制作的木艺制品。在这里，一段段被人废弃的“榆木疙瘩”，总是能借助她的一双巧手精细打磨后重生成为精致的艺术品，焕发出坚韧却又蕴含着细腻的灵魂，再次走进人们的视野与生活。

坚定理念，坚守环保

谈起为何要转行到“老榆木木料稀少且成本高”的木艺装饰时，她说，多年前，自己有一个喜欢欧式风格家装的朋友，在住进了用快速家装产品装修好的新家后，全家人陆陆续续住进了医院。靠着及时透析才逐个脱离生命危险，后来发现是家装板材里的污染物超标导致的白细胞急速上升。

恰巧当时刘洋正在参观一个家具厂如何把废木料再加工做成家装板材，刘洋说，当时整个密闭厂房里散发出刺鼻气味，她至今都难以忘记。

参观完工厂后，刘洋得知了朋友患病的原因，更加坚信了自己要做环保家具的信念。“我做的家具首先要环保，让客户摆在家里放心，我才能晚上睡得安心。”刘洋这样说道。也是从这时，她与老榆木结下了不解之缘。

老料新作，枯木逢春

刘洋说：“榆木在我眼里是有生命的。”每一根老榆木料都是经过走街串巷收集来的，保留了岁月的沧桑痕迹，它们经过时光洗礼，布满自然疤结的沧桑脉络，久而久之，木质趋向稳定。匠人就用他们灵巧的双手和精细的工艺，再次赋予它们生命，或变成舒适的家具，或变成孩童的玩具，或变成书桌案头精美的艺术品……更重要的是，老榆木的家具纯天然打造，没有任何污染物，不会影响人体健康。

榫卯智慧，匠人之心

榫卯是藏在中国古典家具里的灵魂，也是刘洋一直秉承的理念：不用一颗铁钉，单凭其中的结构，便可以使用上千年依然坚固美丽。烘干、开料、切割、制作、打磨、饰面，这一整套工艺流程，每一个环节都体现出匠人们追求艺术与美的精神，更蕴含着专注细节、用心感受、每一处设计都为您考虑的赤诚之心。

一念执着，锲而不舍

像刘洋这样追求艺术的“晋源工匠”数不胜数。他们用自己灵巧的双手和细腻的心灵创造出一件又一件艺术品，把自己的岗位当成一种人生情趣来享受。全球蛙深深感动于这样的工匠精神，正在用自己的方式让更多的工匠产品拥抱互联网，也希望会有更多的人知晓“晋源工匠”。

首批工匠作品在全球蛙上线啦!

每一件家具都采用传统工艺将百年榆木精雕细琢。

纹理生动，颇似山水，自然有意；

工艺精湛，古典雅致，别有韵味。

为您的家装增添自然的色彩。

（2019 年 07 月 24 日 全球蛙）

2. 传统工艺品销售额

表 7–7　传统工艺品销售额分布

2019 年销售额	5 万元及以下	6 万~10 万元	11 万~20 万元	21 万~60 万元	60 万元以上
占比	67.16%	7.46%	4.48%	8.96%	11.94%

2019 年工匠人才手工艺品销售情况为：5 万元及以下占 67.16%，6 万~10 万元占 7.46%，11 万~20 万元占 4.48%，21 万~60 万元占 8.96%，60 万元以上占 11.94%。**晋源区工匠人才手工艺品销售额明显小于产值，手工艺品“叫好不叫座”的困境局面依然存在，**

有价无市的工匠也不在少数。可见，工匠人才应推陈出新，为传统工艺形象和内涵不断注入新的元素，更好满足人民群众消费升级的需要，同时还要做好销售工作，切实提高自身的收入水平。通过努力，争取“十四五”期间整体迈入中等收入群体。

第五节 媒体宣传

1. 媒体关注程度

表 7–8 工匠事迹或作品是否得到媒体采访报道

工匠事迹或作品媒体报道	是	否
占比	79.01%	20.99%

近年来，随着国家对工匠人才的高度关注，在各级党委宣传部门和工会重视支持下，众多主流媒体对晋源区技能型人才、工匠采访报道。调查显示，79.01% 的工匠人才都表示公共媒体宣传或报道过自己的事迹或作品，20.99% 的工匠人才表示公共媒体没有宣传或报道过自己的事迹或作品。可见，在太原市晋源区总工会的积极安排下，工匠事迹或作品得到了众多主流媒体的广泛报道和宣传，也得到社会的高度关注。其中，具有代表性的是首届“晋源工匠”杨晋强的陶瓷作品，时任中共山西省委书记骆惠宁出访毛里求斯时将

其作为礼品赠送，沙画形象大使朱霞随时任山西省省长楼阳生出访过日本。“雁北刀刻”工匠武茂盛抖音粉丝目前已达到了3.3万人，单条视频观看人数突破百万次。“晋阳工匠”萧刚多次接受省内外媒体专访，并应邀在国家级博物馆西安半坡博物馆举办个人作品展，观展人数达十余万，取得了良好的跨省文化交流成果。萧刚与山西电视台合作拍摄的《萧刚——留住城市的文化记忆》荣获纪录片一等奖。2018年，萧刚再次自费考察山西晋东南古村落。其间，被山西云媒体及黄河新闻网拍摄为纪录片，传播点击近300万次，在社会上引起极大反响。2019年12月，“晋阳工匠”李琦参加了第四届山西省文博会，并接受了太原广播电台专访。

通过微电影和短视频传播工匠文化，也是晋源区总工会的一大特色。2018年12月，在“中国梦·劳动美”第五届全国职工微影视大赛（成都）上，由太原市晋源区总工会拍摄的《工匠父子》荣获故事片银奖。另一部反映花灯工匠创作生活的《匠心琢影·要金海》，荣获纪录片铜奖。2019年11月，在“中国梦·劳动美”第六届全国职工微影视大赛（太原）上，由太原市晋源区总工会拍摄，反映非遗产品推广艰辛历程的微电影《元宵还是那老味道》荣获故事片特别影片奖。进入2020年下半年，在晋源区委宣传部、区新闻中心及区总工会积极推动下，对“晋源工匠”代表人物韩福元、李琦、张跃进、刘洋、朱霞、赵敬玲等进行系列报道。人民网、新华网、中新网、中工网、今日头条、香港大公报、澎湃号、山西日报、山西晚报、山西工人报、山西云媒体、网易山西、太原日报、太原晚报等进行了集中报道，微晋源、今日晋源同步跟进，在社会各界引发热烈反响。

链接：

晋源区部分获奖微影视作品二维码

表 7–9　近年来“晋源工匠”部分媒体报道存目

序号	标题	发布媒体	发布时间
1	画家萧刚笔下的晋源	晋源职工之窗	2016 年 7 月 13 日
2	缔造自然之美，情筑宜居家园——访我区工艺美术创意设计师康红喜	晋源职工之窗	2016 年 8 月 9 日
3	雕贴人生——民间艺术大师高树泉掠影	晋源职工之窗	2016 年 8 月 16 日
4	画家萧刚笔下的晋源——晋祠圣母殿	晋源职工之窗	2016 年 8 月 17 日
5	我区首套晋源题材手绘明信片“晋源风光”诞生记	晋源职工之窗	2016 年 9 月 9 日
6	画家萧刚笔下的晋源——晋源德化门	晋源职工之窗	2016 年 11 月 10 日

续表

序号	标题	发布媒体	发布时间
7	走进画家武玉龙的世界	晋源职工之窗	2016年11月23日
8	画家萧刚笔下的晋源——晋祠水镜台	晋源职工之窗	2016年12月14日
9	区政府领导在东院村调研指导工匠人才工作	晋源职工之窗	2017年3月17日
10	萧刚画展成都站成功举办	晋源职工之窗	2017年4月12日
11	“萧刚工作室”文创产品在省博物馆艺术中心展出	晋源职工之窗	2017年4月12日
12	花灯工匠——要金海	晋源职工之窗	2017年4月21日
13	画家萧刚笔下的晋源——开化寺连理塔	晋源职工之窗	2017年5月18日
14	画家萧刚笔下的晋源——蒙山大佛	晋源职工之窗	2017年6月19日
15	画家萧刚笔下的晋源——店头村古堡	晋源职工之窗	2017年7月6日
16	画家萧刚笔下的晋源——店头村“紫竹林寺”	晋源职工之窗	2017年8月10日
17	萧刚创新工作室作品亮相首届大同文化产业博览会	晋源职工之窗	2017年12月1日
18	开春第一仗 全力推工匠——区总工会召开“晋阳工匠”“晋源工匠”选树活动推进会	晋源职工之窗	2018年2月26日
19	晋源区工会团队进到了老城区讲晋源故事 工匠进校园　非遗显风采	晋源职工之窗	2018年3月2日

续表

序号	标题	发布媒体	发布时间
20	太原市启动百名“晋阳工匠”选树活动	晋源发布	2018年3月11日
21	“高手在民间　能工巧匠看晋源”——晋源区总工会寻访小组寻访“晋源工匠”小记之一	晋源职工之窗	2018年3月12日
22	弘扬工匠精神，传承晋阳文化——报告文学集《晋源工匠》创作启动	晋源职工之窗	2018年3月19日
23	弘扬工匠精神，传承晋阳文化——报告文学集《晋源工匠》创作启动	晋源发布	2018年3月22日
24	寻访“晋源工匠”，我们在行动——区总工会寻访小组寻访“晋源工匠”小记之二	晋源职工之窗	2018年3月23日
25	“高度重视　通力协作　坚持标准”　我区五一节将命名一批“晋源工匠”　区委领导提出明确工作要求	晋源职工之窗	2018年3月26日
26	出名了！晋源出了一位“护花使者”	晋源发布	2018年3月26日
27	90后“匠星”出现在人民大会堂，以切身经历表达新生代技工期盼与梦想——“小泥工”遇到大时代	晋源职工之窗	2018年3月27日
28	厉害了！晋源区发掘的春秋大墓、娄睿壁画，修复者竟是他	晋源发布	2018年3月28日

续表

序号	标题	发布媒体	发布时间
29	根雕工匠李琥的艺术人生	晋源职工之窗	2018 年 3 月 29 日
30	葫芦最强生命的缔造者李琦	晋源职工之窗	2018 年 3 月 30 日
31	“晋源工匠”网络投票折射出什么现象?	晋源职工之窗	2018 年 4 月 9 日
32	“晋源工匠”第二阶段评选活动侧记	晋源职工之窗	2018 年 4 月 10 日
33	90 后女孩把大把时间全部“浪费”在玩沙上	晋源职工之窗	2018 年 4 月 11 日
34	“晋源工匠”热引发关注　省城媒体集中采访报道系区县首家	晋源职工之窗	2018 年 4 月 12 日
35	晋源区的东北人——雕贴艺人高树泉	晋源发布	2018 年 4 月 16 日
36	从“匠人”身上感悟“工匠精神”	晋源职工之窗	2018 年 4 月 17 日
37	“工匠进校园　精神永相传”总工会与民盟联合组织 6 名“晋源工匠”走进太原六十四中传授技艺	晋源职工之窗	2018 年 4 月 19 日
38	80 后制药工人用敬业和认真诠释工匠精神	晋源职工之窗	2018 年 4 月 25 日
39	昨晚的工匠颁奖晚会你来了吗?	晋源职工之窗	2018 年 4 月 28 日
40	弘扬工匠精神，晋源区“时代新人·晋源工匠”表彰晚会在蒙山举行	晋源发布	2018 年 4 月 28 日

续表

序号	标题	发布媒体	发布时间
41	今晚“晋阳工匠”特别节目总有一种精神会“震”到你!	晋源发布	2018年4月30日
42	90后小伙儿梁永强的“互联网+”养殖之路	晋源发布	2018年5月2日
43	点赞工匠选树活动	晋源职工之窗	2018年5月3日
44	让雕贴木艺在手中升华	晋源发布	2018年5月3日
45	守护2000余年的晋祠桂花元宵	晋源发布	2018年5月4日
46	晋源风筝“飞”到国外	晋源发布	2018年5月7日
47	让“山西制造”叫响海外	晋源发布	2018年5月8日
48	“望闻问切”驯服“电老虎”	晋源发布	2018年5月10日
49	制造流光溢彩　只为百姓赏心悦目	晋源职工之窗	2018年5月11日
50	让山西花灯“动起来”	晋源发布	2018年5月11日
51	墙为纸，情为笔，绘天地好风景	晋源发布	2018年5月15日
52	动漫让厚重山西彩翼齐飞	晋源发布	2018年5月16日
53	元宵桂花香，硬汉有柔肠	晋源职工之窗	2018年5月17日
54	幸福像花儿一样	晋源发布	2018年5月17日
55	“珠联璧合　共绘中国梦”　用丝带绣出美丽人生	晋源发布	2018年5月21日
56	把山核桃做成了艺术品	晋源发布	2018年5月22日
57	三代园艺缘　一脉匠心传——高级园艺师张跃进的晋源梦	晋源职工之窗	2018年5月23日

续表

序号	标题	发布媒体	发布时间
58	用流沙演绎人生百态	晋源发布	2018 年 5 月 23 日
59	一片“瓷”心耀三晋	晋源职工之窗	2018 年 5 月 24 日
60	艰难的起飞——宋二牛的精彩风筝人生	晋源职工之窗	2018 年 5 月 25 日
61	80 后工匠，用青春书写责任	晋源发布	2018 年 5 月 25 日
62	“农民画家”王学文　植“雅”于“俗”飨百姓	晋源职工之窗	2018 年 5 月 28 日
63	卓越的雕刻者——太原“炼锋号”儒匠手工坊创始人张卓越	晋源职工之窗	2018 年 5 月 28 日
64	“读懂菩提语　升华人生路”——菩提匠人徐谷曜原创心得	晋源职工之窗	2018 年 5 月 29 日
65	省总干校“花开满园”送教到基层之经济技术创新培训会召开　区总领导为“晋源工匠”代表授牌	晋源职工之窗	2018 年 5 月 31 日
66	“晋源工匠”再进校园，花塔小学笑语欢声　孩子们的这个六一真嗨!	晋源职工之窗	2018 年 6 月 1 日
67	“晋源工匠”走进校园　儿童近距离感受传统文化	晋源发布	2018 年 6 月 1 日
68	朱霞：美丽用一捧沙子演绎，“90 后”彩色沙画师的指尖艺术梦	晋源发布	2018 年 6 月 2 日
69	弘扬工匠精神，成就出彩人生	晋源职工之窗	2018 年 7 月 27 日

续表

序号	标题	发布媒体	发布时间
70	“传承工匠精神　人生终将辉煌”——观区总工会“时代新人说·改革的力量”演讲比赛有感	晋源职工之窗	2018 年 7 月 30 日
71	太原发布 8 月“时代新人榜”晋源区吴艾祥荣耀入榜	晋源发布	2018 年 8 月 11 日
72	吴艾祥：和虫子打交道 18 年的“呆子”	晋源发布	2018 年 8 月 12 日
73	枯木逢春，独具匠心——晋源区首届根雕艺术节侧记	晋源职工之窗	2018 年 9 月 17 日
74	晋源区吴艾祥荣获“三晋新农人”创业创新竞赛二等奖	晋源发布	2018 年 10 月 15 日
75	看《工匠父子》 赏晋阳文化	晋源职工之窗	2018 年 11 月 6 日
76	观区总工会出品微电影《工匠父子》有感	晋源职工之窗	2018 年 11 月 8 日
77	晋源区 2018 年全民技能提升工程品牌示范、技能展示及岗位信息推介大会火热开展，“晋源工匠”作品展示备受关注	晋源职工之窗	2018 年 11 月 14 日
78	第二届全省职工手工工艺精品展评结果揭晓　“晋源工匠”作品双双摘铜	晋源职工之窗	2018 年 11 月 20 日
79	借力影像传播、弘扬工匠精神，　区总工会微电影《工匠父子》腾讯观影超 43000 人次	晋源职工之窗	2018 年 11 月 29 日

续表

序号	标题	发布媒体	发布时间
80	退而不休的好工匠要金海	晋源职工之窗	2018 年 12 月 3 日
81	获奖啦！晋源区两部微电影在全国大赛摘金夺铜	晋源发布	2018 年 12 月 13 日
82	“一线帮扶　真情关爱” 市总领导为“晋源工匠”孵化园送来冬天里的一把火	晋源职工之窗	2018 年 12 月 21 日
83	亲切关怀，热情勉励　区委副书记刘锦春深入基层指导“晋源工匠”孵化园筹建工作	晋源职工之窗	2018 年 12 月 23 日
84	喜报！第三届“太原市工艺美术大师”名单出炉，我区刘志红、刘洋双双入选！	晋源职工之窗	2018 年 12 月 25 日
85	“时代新人说”大型讲述活动第二季晋源区决赛圆满落幕　区总推荐的太原市时代新人吴艾祥应邀首讲，“晋源工匠”刘志红获优秀奖	晋源职工之窗	2018 年 12 月 26 日
86	康敏：一名测量工匠的坚守	晋源发布	2019 年 1 月 4 日
87	刘志红：绣出美丽写意人生	晋源发布	2019 年 1 月 6 日
88	官宣！太原市第六批市级非遗项目公示！我区五项目榜上有名！其中三项隶属“晋源工匠”	晋源职工之窗	2019 年 1 月 17 日
89	喜讯！报告文学集《晋源工匠》正式出版发行！	晋源职工之窗	2019 年 1 月 18 日

续表

序号	标题	发布媒体	发布时间
90	火爆！快来长风国贸第六馆感受工匠风采！	晋源职工之窗	2019年1月29日
91	喜迎“二青会” 欢乐过大年 “晋源工匠”进六馆带来匠心“艺”味	晋源发布	2019年1月29日
92	喜迎“二青会” 欢乐过大年 “晋源工匠”进六馆迎新展销活动盛大启幕	晋源职工之窗	2019年1月30日
93	“晋源工匠”进六馆，喜气洋洋迎春节	晋源职工之窗	2019年2月1日
94	殷彬：用感恩的心雕琢未来	晋源发布	2019年2月10日
95	晋源区元宵节民间社火巡演盛大启幕，“晋源工匠”代表荣登观礼台	晋源职工之窗	2019年2月18日
96	我看央视拍元宵	晋源职工之窗	2019年2月20日
97	民俗文化进校园 工匠非遗闹元宵	晋源职工之窗	2019年2月20日
98	晋源区吴艾祥——十年蹲大棚种菜种出“大发明”	晋源发布	2019年3月10日
99	晋源区吴艾祥荣获太原市职工“五小六化”岗位创新竞赛一等奖	晋源发布	2019年4月15日
100	第二届“晋源工匠”选树活动侧记	晋源职工之窗	2019年4月16日

续表

序号	标题	发布媒体	发布时间
101	"职工大舞台　匠人展风采"第二届"晋源工匠"选树活动圆满落幕	晋源职工之窗	2019年4月16日
102	吴艾祥——让放心蔬菜进入百姓餐桌	晋源发布	2019年4月21日
103	太原市纪念"五一"国际劳动节暨第二届"时代新人·晋阳工匠"命名大会召开，区总选送的5位工匠榜上有名	晋源职工之窗	2019年4月26日
104	晋源区5名工匠荣获市委市政府命名的"时代新人·晋阳工匠"称号	晋源发布	2019年4月26日
105	"劳动光荣　人才宝贵　创造伟大"　我区庆祝"五一"国际劳动节暨第二届"晋源工匠"命名座谈会举行	晋源职工之窗	2019年4月30日
106	用爱剪出的七彩人生	晋源职工之窗	2019年4月30日
107	刘洋：老料新作枯木逢春　古法传承巧手匠心	晋源发布	2019年5月2日
108	"玩出来"的艺术世界	晋源职工之窗	2019年5月7日
109	一双巧手闯市场　百年枯木又逢春	晋源职工之窗	2019年5月10日
110	插秧苗，包粽子，观水彩艺术，赏工匠作品 2019年晋源区第二届插秧文化节在大寺荷风苑启幕	晋源职工之窗	2019年6月6日

续表

序号	标题	发布媒体	发布时间
111	晋源区总工会联手全球蛙电商平台签署战略合作协议　助力工匠作品走向市场	晋源职工之窗	2019 年 7 月 1 日
112	首批“晋源工匠”作品上线销售	晋源发布	2019 年 7 月 1 日
113	我身边的时代新人——一名测量工匠的坚守	晋源职工之窗	2019 年 7 月 11 日
114	为工匠作品找个家　“晋源工匠文创展室”在蒙山景区揭牌	晋源职工之窗	2019 年 7 月 12 日
115	一双巧手下的匠人精神	晋源职工之窗	2019 年 7 月 23 日
116	给体育插上文化的翅膀　“晋源工匠”剪纸作品亮相太原美术馆，助力二青盛会	晋源职工之窗	2019 年 8 月 7 日
117	工匠劳模进“村”记	晋源职工之窗	2019 年 8 月 20 日
118	“邮政杯”全民朗读《山西日报》活动首站走进晋源区总工会，掀起了一场劳模工匠读党报的热潮！	晋源职工之窗	2019 年 9 月 24 日
119	区总工会召开庆祝新中国成立70周年劳模工匠座谈会　区总领导走访慰问劳模	晋源职工之窗	2019 年 9 月 30 日
120	区总工会召开庆祝新中国成立70周年劳模工匠座谈会	晋源职工之家	2019 年 9 月 30 日
121	省总调研组在晋源区工匠孵化园调研指导工作	晋源职工之窗	2019 年 10 月 21 日

续表

序号	标题	发布媒体	发布时间
122	走进广灵　求取“真经”——晋源区工匠艺人赴广灵考察学习剪纸艺术掠影	晋源职工之窗	2019年12月4日
123	“晋源工匠”作品精彩亮相文博会，人气爆棚！	晋源职工之窗	2019年12月9日
124	文博盛宴落幕　“晋源工匠”捧奖	晋源职工之窗	2019年12月11日
125	文博盛宴落幕　“晋源工匠”捧奖	晋源发布	2019年12月13日
126	当“榆木疙瘩”遇上她，废旧的百年枯木又“起死回生”	晋源发布	2019年12月18日
127	喜讯！区总出品微电影《工匠父子》再度捧奖	晋源职工之窗	2019年12月20日
128	喜报！晋源区总工会出品微电影《工匠父子》再度捧奖	晋源发布	2019年12月21日
129	“元宵工匠”走进春芽幼儿园	晋源职工之家	2020年1月1日
130	晋阳花馍喜迎春（郝庆玲）	晋源发布	2020年1月16日
131	“两节”送温暖　新春走基层　区总领导走访慰问军属、基层工会干部、劳模和工匠、困难职工	晋源职工之家	2020年1月17日
132	晋源“葫芦王”迎来春天	晋源发布	2020年3月10日
133	工会搭平台，市民展风采　第三届“晋源工匠”选树活动圆满落幕！	晋源职工之家	2020年4月17日

续表

序号	标题	发布媒体	发布时间
134	第三届“晋源工匠”选树活动圆满落幕	晋源发布	2020年4月17日
135	高树泉：高超雕贴技艺　巧手雕琢精品	晋源发布	2020年5月6日
136	匠心种子驻心间	晋源职工之家	2020年5月8日
137	刘鑫燃：匠心种子驻心间	晋源发布	2020年5月9日
138	弘扬工匠精神　凝聚发展力量　晋源区第三届“晋源工匠”命名暨师带徒签约仪式举行	晋源职工之家	2020年5月16日
139	晋源区举行第三届“晋源工匠”命名暨师带徒签约仪式	晋源发布	2020年5月16日
140	不忘“醋”心，逐梦前行——记晋源区承业食品酿造厂温俊	晋源职工之家	2020年6月3日
141	“晋源工匠”体验课程，引领晋源文旅消费新风尚	晋源职工之家	2020年6月3日
142	不忘“醋”心，逐梦前行——记晋源区承业食品酿造厂温俊	晋源发布	2020年6月3日
143	围绕中心　服务大局　彰显作为　晋源工会支持服务太原古县城工匠项目论证会召开	晋源职工之家	2020年6月19日
144	“晋源工匠”恋上互联网　稻荷听泉迎来了美团外卖第一单	晋源职工之家	2020年6月29日
145	太原市“六新”职业技能竞赛非遗工美类项目在晋源拉开帷幕	晋源发布	2020年8月12日

续表

序号	标题	发布媒体	发布时间
146	刘振华：花卉小镇上的“园艺潮人”	晋源发布	2020 年 8 月 19 日
147	送关怀　聊家常　指方向——市委书记寺底访工匠	晋源职工之家	2020 年 8 月 20 日
148	非遗工美大师云集晋源，匠心绝技同台角逐	晋源发布	2020 年 9 月 1 日
149	木屑纷飞中的创新与坚守——80 后“雁北刀客”武茂盛的艺术人生	晋源职工之家	2020 年 9 月 4 日
150	千古文化留遗韵，一代文明展新风　太原市百万职工聚焦“六新”助力转型职业技能竞赛非遗和工美类决赛在晋源圆满落幕	晋源职工之家	2020 年 9 月 4 日
151	清徐、晋源强强联手，燃爆农展会第二季	晋源发布	2020 年 9 月 8 日
152	杨元恒：精于“四艺”，擅放纸鸢	晋源发布	2020 年 9 月 20 日
153	古琴名家陈雷激抚琴太山	晋源发布	2020 年 9 月 20 日
154	晋源区寺底村：好日子就在家门口	晋源发布	2020 年 10 月 9 日
155	“助力农民增收　惠及市民餐桌”太原市名特优农产品展销第六季火热开展，“晋源工匠”现场助阵，人气爆棚！	晋源职工之家	2020 年 10 月 16 日

续表

序号	标题	发布媒体	发布时间
156	在陈丹青“线条的盛宴”里，看山西北朝壁画和时代风云	晋源发布	2020 年 11 月 4 日
157	“武贵文漆画创新工作室”落户晋源	晋源职工之家	2020 年 11 月 6 日
158	“武贵文漆画创新工作室”落户晋源	晋源发布	2020 年 11 月 6 日
159	90 后“晋源工匠”朱霞用沙画为家乡代言	晋源发布	2020 年 11 月 9 日
160	晋源老花匠让枯木再逢春	晋源发布	2020 年 11 月 13 日
161	晋源巧媳妇　创新剪艺三十年	晋源发布	2020 年 11 月 16 日
162	晋源名厨荣获“中国晋菜大师”称号	晋源发布	2020 年 11 月 17 日
163	数年耕耘终有成就　晋源区四名厨喜获“中国晋菜大师”荣誉称号	晋源职工之家	2020 年 11 月 19 日
164	晋源农民画家绘景美丽乡村	晋源发布	2020 年 11 月 19 日

韩福元和他的“元宵蛋蛋”

每年冬天，太原晋源区的大街小巷总能听到元宵的叫卖声。在寒风凛冽的冬日，一碗热气腾腾、香甜软糯的晋祠桂花元宵是晋源人的生活习惯和心灵慰藉。晋祠桂花元宵作为北方元宵的代表，流传至今，不仅是一种生活习惯的沿袭，更是历代晋祠人对传统手工艺的热爱与坚守。

晋祠元宵滚的是历史

在晋源当地流传着两句民谣："大米芯芯藕瓜瓜，元宵蛋蛋女娃娃。"这个民间谚语中的"元宵蛋蛋"就是晋祠四宝之一的晋祠桂花元宵。

晋祠桂花元宵经过千年传承，与当地江米结合，形成了其独有的风味。今年69岁的韩福元作为晋祠桂花元宵的代表性传承人，滚制元宵已有50余年，他们家已有五代人传承着千年晋祠桂花元宵制作技艺。

晋祠元宵滚的是传承

说起来，韩家和元宵结缘，还要追溯到其曾祖父韩国富时代。最为人称道的是，其祖父韩振业与父亲韩海海在民国时期和新中国成立初期创立"自立成"字号，专门从事元宵与烧饼的制作和销售，在晋祠一带小有名气。从小耳濡目染，韩福元自然也就将这门手艺熟稔于心。

一泡、二淘、三晾、磨米、炒作、做馅、滚制、包装……一颗地道的桂花元宵，要经过十几道工序。"以前正月里一破五，家家户户就开始磨面做元宵，由于工序繁杂，往往需要五六天才能做成。后来，随着人们生活水平的提高，滚元宵的人就越来越少，而我，因为放不下这门手艺，就这么慢慢坚持了下来。"韩福元一边滚元宵一边说。

现在，人们的物质生活日渐丰富，眼看着其他元宵品牌打出了名声，韩福元暗暗下定决心要将"晋祠桂花元宵"发扬光大。而他的坚守和初心也感染了两个儿子韩剑、韩伟，更有意思的是，年幼的孙子经过潜移默化竟也将元宵滚得有模有样。

晋祠元宵滚的是信念

为了打响晋祠桂花元宵这个品牌，将元宵发展成产业，韩福元开始对晋祠桂花元宵进行孜孜不倦的改良。

淘米、磨粉、配馅、滚制……在保持原有工艺的基础上，他和儿子们不断商讨研究、反复实践，在馅料上精益求精，开发出更多口感品类。目前，除了传统的芝麻馅、桂花馅、玫瑰馅等，还研发出深受年轻人喜爱的水果馅、巧克力馅，还有更具保健养生功效的红糖馅、红豆馅、红枣馅、木糖醇馅等。

“不少老太原人要的就是这一口老味道，有的人早已定居南方，仍对晋祠桂花元宵念念不忘。每年都有老顾客托人或者通过快递来买咱们的元宵。”韩福元笑着说，“咱们的料好、馅儿足，口味自然不会差。”

2017 年，韩福元与晋源区制作桂花元宵的同人协商成立了“太原市晋源区晋祠桂花元宵研究会”，他被选为会长。2018 年，他制作晋祠桂花元宵的工艺入选太原市非物质文化遗产名录。2019 年正月十五作为北方元宵代表在央视综合频道春节特别节目播出。

现在“晋祠桂花元宵传承研究会”也应运而生，韩福元已经把晋源的大多数元宵制作者联合组织起来，有规划地进行推广宣传，志在把这一独具特色的饮食文化品牌叫响。“要让我们的元宵走向全国，走向世界，让大家都知道咱的晋祠桂花元宵！”韩福元一边将簸箩里的元宵滚得上下翻飞，一边抬头说。

（2020 年 11 月 25 日晋源发布　来源：中国报道　责任编辑：张煜）

三代酿出飘香陈醋 传承独有晋源味道

冬至临近，12 月 20 日，太原市晋源区乾阳街上的承业老醋坊，打醋的人络绎不绝。在晋源，许多人一辈子吃的都是老温家的醋，纯粮食的传统老工艺，酸香甜绵。醋坊里有陈醋、凤眼陈醋、曲醋等，还有自己研发的果味醋，红枣、枸杞、苹果、银杏醋等，不同的度数价格不同。

不畏辛劳 一家三代坚持传统酿醋

老温一家三代都酿醋，温俊的父亲名叫温承业，温俊的酿造厂名字叫“承业醋坊”。几十年间，晋源区大大小小的酱醋厂都相继关停了，独“承业”一肩挑起晋源手工纯粮酿醋的大旗，而且把醋坊经营得风生水起，是太原宁化府的直供厂家。

早在新中国成立前后，温俊的爷爷就开始酿醋。当年，老温家就在现今的晋阳古城墙北门外，推着大桶车卖醋，买醋的人排着队。他父亲温承业老师傅今年 94 岁，在醋香中浸润了一辈子，老人的名字里就蕴含着继续酿醋这门手艺的寓意。温俊今年 60 岁，一晃也在“蒸、酵、熏、淋、陈”的五部曲中到了花甲之年。

说起传统粮食酿醋工艺，温师傅总是滔滔不绝，选料、润料、蒸料、酒精发酵、醋酸发酵、淋醋、晒醋、陈酿……娓娓道来，生产一开，每一道工序都不能少，加之是手工人力完成，单是上百口大缸上千斤醋，每天都要翻一遍，就十分辛苦。

温俊师傅说，酿醋的都是勤快人，肯吃苦，肯琢磨，才能积累出经验。比如说，培养醋酸菌，要了解它的生活特性，调节生长繁殖的条件。比如“掌握了传统的程序，也不一定就能酿好醋，除了选择上等的高粱、麸皮外，发酵温度、湿度，熏醋火候及晒醋时的光照、强度都对醋的品质有一定的影响”。同样一斤高粱，同样的工序，多的时候能出 6 斤半好醋，少的时候出 5 斤不到，品质还不好。所以，产量高低，他都要总结经验汲取教训。

“和微生物打交道，一辈子都学不完里面的学问。”温俊的师傅先是自己的老父亲，年轻时他又到太原市食品酿造厂上班，一边工作一边学习。传统工艺纯粮酿醋、酱油、酿酒，他都了然于心。

将近 40 岁时，温俊在晋源区开办起“承业酿造厂”，70 多岁的老父亲是厂里的顾问，爷儿俩带着一帮后生翻缸酿醋。

翻缸的活儿一般人都吃不消，每一个大缸都有上千斤，每天都要彻底清翻透气，要翻二三十缸。最难熬的是夏季，醋坊又热又闷，酸味十分刺鼻，一天下来，身体再好的人也会筋疲力尽。

当满载了辛劳与汗水的陈醋一股股流出来的时候，那份味浓醇香，回味绵长，让温俊觉得，所有的付出都有了回报。

对祖祖辈辈打磨的醋情有独钟

在晋源区，传统手工酿醋的只有温俊一家，晋源人吃放心醋都认准“承业”，温俊也因此被晋源区委、区政府选树为“晋源工匠”。

60 岁的温俊腰板挺直、面容清瘦，看上去明显比实际年龄年轻不少，他说，94 岁的老父亲一辈子酿醋，顿顿必有醋，身体特别好。

而今，工业机械化食醋在市场上越来越多，温师傅介绍说：“‘勾兑醋’和‘粮食醋’很好区别，‘勾兑醋就是一个酸味，并且是强烈的、刺鼻的酸味；而‘粮食醋’有一种香在里面，抿一口，柔、绵、隐隐的甜，调味而且养生。”

温俊也在传统的陈醋、曲醋的基础上加工研发，推出了红枣、枸杞、苹果、银杏等保健醋，同时和平遥一企业制造了10毫升一小瓶的醋饮，市场反响很不错。

另外，专注传统工艺纯粮酿醋的承业酿造厂，老师傅们都六七十岁了，难免体力不支，尽管酿造厂也进行了机械化改造，但是有的工序还是需要人力而为，像充分发酵，要随时根据天气、温度变化人工控调，多年沉淀积累的经验不是机械手臂能够取代的。招年轻人也不太容易，特别是翻缸等累活年轻人不愿做，受不了这份罪。他自家孩子，对传统纯粮酿醋行业，目前也并不积极。

从承业酿造厂建成到现在二十多年过去了，尽管市场上出现越来越多价格便宜的勾兑醋，尽管手工纯粮酿醋成本越来越高，但温俊师傅依旧对祖祖辈辈打磨的醋香情有独钟。不为别的，一拨又一拨前来打醋的晋源人会说：“喝一口老温家的醋，就是晋源独有的味道。”

（2020年12月21日《山西晚报》第7版　记者：赵晋燕　通讯员：杨润德）

2. 媒体关注效果

几年来，晋源区总工会主动出击，通过拍摄职工微课堂、工匠系列等视频，对“晋源工匠”进行宣传、推介，传播工匠技艺，推进非遗传承事业。现已经上线“晋源区职工微课堂”8期，推出

“晋源区总工会工匠系列” 4 期。调查显示，有 67.90% 的工匠表示公共媒体宣传促进了其作品的销售，而 32.10% 的工匠表示公共媒体宣传对其作品销售没有起到促进作用。**可见，媒体宣传对工匠作品销售总体上是有促进作用的。主流媒体应加大对工匠人才的采访报道，展现工匠人才的心路历程与所获荣誉，广泛宣传工匠人才事迹、展示工匠人才作品，营造尊重工匠精神的浓厚氛围，进而提升社会各界关注度。**

表 7–10　公共媒体宣传是否促进工匠作品销售

公共媒体宣传对工匠作品销售促进作用	有	无
占比	67.90%	32.10%

链接：

晋源区部分上线微影视二维码

晋源区职工微课堂第 1 期：石榴对花剪纸 赵敬玲	晋源区职工微课堂第 2 期：园林花卉家庭养护管理知识 张跃进	晋源区职工微课堂第 3 期：抖音短视频制作 贾和平	晋源区职工微课堂第 4 期：丝带绣的基本针法 刘志红

续表

晋源区职工微课堂第 5 期 李雁鸿	晋源区职工微课堂第 6 期 冯彩琴	晋源区职工微课堂第 7 期 武玉龙	晋源区职工微课堂第 8 期 郑永强
晋源区总工会工匠系列 1 要金海	晋源区总工会工匠系列 2 张跃进	晋源区总工会工匠系列 3 姚富生	晋源区总工会工匠系列 4 李琦
 葫芦点灯 照亮匠心 李琦			

第八篇　『晋源工匠』人才知识产权保护

知识产权也称"知识所属权",指"权利人对其智力劳动所创造的成果和经营活动中的标记、信誉所依法享有的专有权利",一般只在有限时间内有效。各种智力创造比如发明、外观设计、文学和艺术作品,以及在商业中使用的标志、名称、图像,都可被认为是某一个人或组织所拥有的知识产权。目前,手工技艺被随意抄袭与模仿现象较为普遍。由于立法的不完善性,手工技艺的侵权问题很难进行明确的界定。调查晋源区工匠人才知识产权保护意识和认知情况,有助于保护和激励"晋源工匠"创新,为晋源区实施创新驱动发展战略、经济高质量转型发展提供保障。

第一节 知识产权拥有情况

表 8-1 知识产权拥有情况

知识产权	都没有	实用新型专利	发明专利	著作权	外观设计专利	其他
占比	56.79%	12.35%	11.11%	11.11%	7.41%	11.11%

知识产权作为国家和地区创新实力的综合体现，日益成为推动科技创新、产业转型升级、企业核心竞争力提高的重要手段。调查显示，没有专利的工匠占 56.79%，拥有实用新型专利的工匠占 12.35%，拥有发明专利的工匠占 11.11%，拥有著作权的工匠占 11.11%，拥有外观设计专利的工匠占 7.41%。**可见，晋源区工匠人才六成还没有专利、著作权和商标等相关知识产权。党委、政府和工会在激发工匠人才重创新、出精品的同时，还应鼓励工匠积极申报知识产权保护，以产品创新服务消费升级，切实减少维权成本、提高侵权代价，维护自身合法权益的同时还能提高手工技艺的市场竞争力。**

第二节　知识产权认知情况

表 8–2　知识产权认知情况

知识产权认知	占比
利于品牌建立、市场开拓	58.02%
利于提高工艺品附加值	41.98%
防止同行模仿、仿制	30.86%
防止核心技术外泄	28.40%
利于工艺品质押融资	13.58%

续表

知识产权认知	占比
其他	12.35%
不了解	8.64%

知识产权不仅仅是一种民事权利，还是重要的商业竞争工具。调查显示，认为拥有知识产权利于品牌建立、市场开拓的工匠占 58.02%，认为拥有知识产权利于提高工艺品附加值的工匠占 41.98%，认为拥有知识产权利于防止同行模仿、仿制的工匠占 30.86%，认为拥有知识产权利于防止核心技术外泄的工匠占 28.40%，认为拥有知识产权利于工艺品质押融资的工匠占 13.58%。可见，晋源区工匠人才已认识到知识产权保护对品牌建立、市场开拓和提升产品附加值的作用。为了激发晋源区工匠人才创新创业活力，有必要进一步强化知识产权保护和运用，充分发挥知识产权的杠杆作用。

表 8–3 "晋源工匠"专利登记汇总表

序号	类别	姓名	单位	专利名称	备注
1	专利	于伟	山西美佳矿业装备有限公司	一种掘进机用翻转式脚蹬	ZL201520099862.4
2	专利	于伟	山西美佳矿业装备有限公司	一种掘进机液压系统用清洁装置	ZL201620061501.5
3	专利	于伟	山西美佳矿业装备有限公司	一种高度可调掘进机用第二运输机	ZL201620061477.5

续表

序号	类别	姓名	单位	专利名称	备注
4	专利	于伟	山西美佳矿业装备有限公司	一种钢板热切割用支撑体	ZL201320462921.0
5	专利	于伟	山西美佳矿业装备有限公司	一种掘进机装配生产线	ZL201320462889.6
6	专利	余敏	山西美佳矿业装备有限公司	一种掘进机本体盖板可拆卸通用支撑部件	ZL201520102091.X
7	专利	刘瑞琴	山西美佳矿业装备有限公司	多功能组合工具箱	ZL201320461957.7
8	专利	张旺	山西意佳巨美环境科技有限公司	一种伸缩式隔音屏障	ZL201620229544.X
9	专利	张旺	山西意佳巨美环境科技有限公司	一种防尘警示牌	ZL201620229541.6
10	专利	张旺	山西意佳巨美环境科技有限公司	一种强效隔音屏障	ZL201620229543.5
11	专利	张旺	山西意佳巨美环境科技有限公司	一种轻便式快速固定隔离网	ZL201620234877.1
12	专利	张旺	山西意佳巨美环境科技有限公司	一种快速更换式防风抑尘网	ZL201620234879.0
13	专利	张旺	山西意佳巨美环境科技有限公司	一种多功能挡风抑尘网	ZL201620229542.0

续表

序号	类别	姓名	单位	专利名称	备注
14	专利	吴艾祥	太原市晋品源味农业科技有限公司	防治蔬菜害虫的厌氧微生物菌制剂	ZL201610014999.4
15	专利	罗永军	山西当贝尔科技有限公司	一种哑铃片	ZL201820506182.3
16	专利	罗永军	山西当贝尔科技有限公司	一种健身手柄的手持部件及其健身手柄	ZL201820506222.4
17	专利	罗永军	山西当贝尔科技有限公司	一种模块化健身手柄的手持部件及其健身手柄	ZL2018920506211.3
18	专利	罗永军	山西当贝尔科技有限公司	一种双层结构哑铃片	ZL201820506221.X
19	专利	罗永军	山西当贝尔科技有限公司	一种便携式哑铃	ZL201821725243.1
20	专利	罗永军	山西当贝尔科技有限公司	一种健身手柄及其健身哑铃	ZL202021238610.2
21	专利	罗永军	山西当贝尔科技有限公司	一种哑铃架	ZL202021240292.3
22	专利	罗永军	山西当贝尔科技有限公司	一种健身手柄的手持部件及其健身手柄	ZL202021240320.1
23	软著	罗永军	山西当贝尔科技有限公司	铜木哑铃电子商务在线管理系统	—
24	软著	罗永军	山西当贝尔科技有限公司	铜木哑铃生产数据采集分析系统V1.0	—

续表

序号	类别	姓名	单位	专利名称	备注
25	软著	罗永军	山西当贝尔科技有限公司	运动健身指导服务平台 V1.0	—
26	软著	罗永军	山西当贝尔科技有限公司	运动能量消耗数据分析系统 V1.0	—
27	软著	罗永军	山西当贝尔科技有限公司	铜木哑铃电子商务在线管理系统 V1.0	—

表 8–4 “晋源工匠”商标注册及品牌建设情况汇总表

序号	类别	姓名	单位	商标 / 品牌名称	备注
1	品牌	李琦	李琦工艺葫芦店	李氏葫芦	葫芦雕刻
2	品牌	郑永强	太原稻荷听泉餐饮服务有限公司	香酥鸭、虹鳟鲤鱼	晋源美食
3	品牌	高树泉	太原市晋源区树泉木艺坊	树泉木艺坊	雕贴木艺
4	品牌	刘志红	五朵手作工作室	五朵手作	丝带绣
5	品牌	杜晋花	华宝斋书画装裱工作室	华宝斋	书画装裱
6	品牌	赵敬玲	晋缘剪工作室	晋缘剪	晋源剪纸
7	品牌	武茂盛	武茂盛工匠工作室	雁北刀客	木刻版画
8	品牌	朱霞	小时代沙画工作室	小时代	沙画
9	品牌	王学文	王学文晋阳草堂画室	晋阳草堂	大型墙画
10	品牌	要金海	太原市东方之光大型花灯有限公司	东方之光	大型花灯

续表

序号	类别	姓名	单位	商标 / 品牌名称	备注
11	品牌	闫旭升	山西曦月文化传媒有限公司	次第花开	铜版画
12	品牌	刘洋	山西木为梁文化传播有限公司	木为梁	晋作家具
13	商标	吴艾祥	太原市晋品源味农业科技有限公司	晋品源味	生物制剂
14	商标	韩福元	晋祠桂花元宵文化研究会	韩福元	晋祠桂花元宵
15	商标	高志成	山西高记酒坊有限公司	赤桥印象	晋祠米酒
16	商标	温俊	太原市晋源区承业食品酿造厂	凤眼	晋源老陈醋
17	商标	刘洋	山西木为梁文化传播有限公司	晋作靓居	家具及非金属附件等
18	商标	刘洋	山西木为梁文化传播有限公司	晋作陶居	非金属工具盒、展示板等
19	商标	刘洋	山西木为梁文化传播有限公司	晋作雅居	木等工艺品、软垫等
20	商标	刘洋	山西木为梁文化传播有限公司	晋作靓点	家具、画框、竹木工艺品等

第九篇　『晋源工匠』人才发展瓶颈

受工业化、信息化冲击，手工技艺的生存环境发生了巨大变化，当下手工技艺面临发展困境现象较为普遍。调查了解晋源区工匠人才在传承、创作、创新、销售等方面遇到的瓶颈问题，对存在的共性、个性问题深入分析，便于帮助工匠寻找突破瓶颈方法，实现手工技艺的可持续传承发展。

第一节　发展瓶颈分析

表 9–1　发展瓶颈问题分析

发展瓶颈	占比
销售渠道狭窄	39.51%
消费需求下降	39.51%
人力成本上升	37.04%
缺乏传承人	37.04%
机器批量产品冲击	27.16%
创新理念不足	22.22%
行业政策乏力	20.99%

续表

发展瓶颈	占比
模仿侵权行为频发	14.81%
其他	18.52%

调查显示，晋源区工匠人才多数面临发展瓶颈问题，其中认为销售渠道狭窄与消费者需求下降的工匠均占 39.51%，认为人力成本上升与缺乏传承人的工匠均占 37.04%，认为机器批量生产冲击手工技艺的工匠占 27.16%，认为创新理念不足的工匠占 22.22%，认为行业政策乏力的工匠占 20.99%，认为模仿、侵权行为频繁发生的工匠占 14.81%。**目前，销售渠道狭窄与消费者需求下降是传统工艺面临的最主要问题，拓宽传统工艺品销售渠道，有必要做好线下体验与线上销售新模式；激发消费者需求，关键在于创作满足人民群众消费升级需要的作品。此外，工匠人才还面临人力资本上升和缺乏传承人等难题。在过去，学徒为了掌握生存的本事和手艺，往往到师傅家里待 3 年，而且不需要给工资。如今，就业渠道宽泛，“师带徒”模式也发生了本质变化。能够潜下心传承学习手工技艺的人越来越少。这需要政府实行“师带徒”双向补贴机制，加大对工匠人才带徒授艺的补贴力度，促进技艺传承和人才培养。解决机器批量生产对手工技艺的冲击问题，需要工匠人才加大对手工技艺的知识普及力度，教给消费者火眼金睛鉴别手工制作和机器生产；也要求政府搭建“互联网 + 手工技艺”平台，为企业、手工艺人、消费者搭建一个资源整合、需求对接的桥梁和纽带，消除消费者内心的疑惑，提高消费者的购买意愿。**

第二节　未来趋势分析

1. 未来发展态度

表 9-2　行业未来发展态度

行业未来发展态度	非常认可	认可	不确定	不认可	非常不认可
有较好发展前景	40.74%	34.57%	8.64%	6.17%	9.88%
能较好传承下去	38.75%	35.00%	10.00%	3.75%	12.50%
具有地方特色	51.85%	24.69%	7.41%	4.94%	11.11%

晋源区工匠人才对手工技艺的传承发展总体上持比较乐观态度，其中认为掌握的手工技艺有较好发展前景的工匠占 75.31%，认为掌握的手工技艺能够较好传承下去的工匠占 73.75%，认为掌握的手工技艺具有地方特色的工匠占 76.54%。在国家大力实施人才强国、文化振兴战略背景下，手工技艺作为文化载体和产业资源，发挥着文化传承和带动就业等众多作用。可见，手工技艺虽然面临众多发展瓶颈问题，但行业依然有着广阔的发展前景。

2. 未来发展计划

对晋源区工匠人才后期发展计划实施文本分析，高频率出现的文字为"传承""传统文化""技艺""创新""推广""销售"等（见

图 9-1）。可见，晋源区工匠大部分热情饱满，希望自己在未来可以努力创新并推广手工技艺，进而将传统文化发扬光大。部分匠人也担心未来手工技艺的传承和销售问题，进一步体现出消费需求下降和缺乏传承人带来的困扰。

图 9-1 行业未来发展方向

表 9-3 部分工匠后期发展计划

“晋源工匠”	计 划
李 智	“两条腿走路，既得做作品，又得做商品……不断地创新和跨界融合，了解各种工艺和技法，提高技艺，让下一代的传承更专业，结合现代科技的传播，发展更多的传承人。”
叶尧良	“凸显区域文化特色，扩大授艺基地，拓展区域文化工艺对外的影响力！”
刘志红	“发掘和培训一批技能娴熟、做工精细的学员，为批量生产奠定基础。”
王学文	“现代与传统相结合，生活与产品相结合，人文与使用价值相结合。”
白 静	“大力发展剪纸文化，做好弘扬和传承晋源文化，围绕千年晋源文化展示晋源魅力，从技艺和表达方面完善。”

续表

“晋源工匠”	计　划
赵淑霞	“产品造型增加，包装要改进，寻找更多的平台去展示。”
李　桦	“今后继续努力制作出优秀作品回馈社会。”
闫永红	“传统不忘本，创新不守旧！”
张卓越	“创新融合跨界！”
王　博	“传承、培训和研学互动，多开发体现山西地域文化特色的非遗产品。”
郭喜梅	“结合更多的技艺，挖掘各自的优势，表现出更多的融合作品。结合自己技艺的特点，做出更多的实用器皿。”
李拉弟	“全力整理收集晋阳传统餐饮文化，收集整理史籍中的晋阳宴、晋阳菜、唐宴，使之与现代文化结合起来，为晋菜事业做出自己的贡献。”
徐谷曜	“稳扎稳打步步为营，实干求真知，抵制浮夸。”

3. 数据分析技术需求

随着大数据技术的快速发展，数据分析在手工技艺传承与发展中将发挥重要作用。对于数据分析在手工技艺传承与发展中能够发挥的作用，工匠人才观点多样，认为有助于精准分析消费者需求的工匠占55.56%，认为有助于知识产权保护、建立传统工艺数据库的工匠均占39.51%，认为有助于建立传统工艺创作素材库、传统工艺品价值评估的工匠均占38.27%，认为有助于定期发布传统工艺行业分析报告的工匠占27.16%，认为有助于出台传统工艺元数据标准的工匠占19.75%，认为有助于传统工艺2D/3D信息采集的工匠占18.52%。**可见，晋源区工匠认识到大数据技术在手工技艺传承与发展中的重要作用，同时也产生了迫切的技术需求。太原市晋源区总**

工会可以依托山西云时代公司在本区设立的大数据产业园，在工匠人才孵化基地引入数据分析人才，为技能人才工匠提供专业的数据分析服务，充分发挥数据引导手工技艺创新发展作用。

表 9–4　数据分析技术需求

数据分析技术需求	占比
精准分析消费者需求	55.56%
知识产权保护	39.51%
建立传统工艺数据库	39.51%
建立传统工艺创作素材库	38.27%
传统工艺品价值评估	38.27%
定期发布行业分析报告	27.16%
出台工艺元数据标准	19.75%
传统工艺 2D/3D 信息采集	18.52%

第十篇 『晋源工匠』人才政策参与和诉求

调查了解“晋源工匠”人才的政策参与和诉求情况，一方面可以了解晋源区提升人才、培育工匠的具体措施落实情况；另一方面可以了解工匠人才的具体政策需求，精准扶持、精准服务，确保政策匹配，进而更好地服务人才、培育人才。

第一节　晋源区总工会落实人才战略措施

近年来，太原市晋源区总工会以选树“晋源工匠”和创建职工创新工作室为抓手，采取了系列帮扶措施，具体如下：

1. 创建示范基地

位于体育公园的晋源区职工创新交流中心和位于晋农之窗的新时代职工之家，是为创新人才和工匠量身定制的活动场所，是晋源区面向山西乃至全国进行展示的前沿阵地和闪亮名片。除此之外，太原市晋源区总工会开辟了老榆木讲习所、树泉木艺坊、“跃进·红喜”园艺基地、晋品源味有机蔬菜示范基地、晋祠桂花元宵生产基地 5 个特色鲜明的创新活动场所，现已成为创新人才风采对外展示的窗口。经营线下展示平台的同时，线上平台同步推广，太原市晋源区总工会与“全球蛙”电商平台签约深度合作，将工匠作品进行包装后上线展示、销售。

2. 组织各项活动

《太原晚报》2021年01月29日【晋源工匠】剪纸赵敬玲：秀手见真章，斗方显繁华

2017年7月3日，2017“魅力晋源”文化旅游招商推介会在晋祠宾馆及晋农之窗举行，高树泉、萧刚、杨晋强等工匠的作品进行了为期一周的展示，深受省内外各界人士好评。

2018年4月18日，太原市晋源区总工会与民盟晋源支部应邀组织宋二牛、赵敬玲、张跃进、张伟、李琦、朱霞6名“晋源工匠”，走进太原市第六十四中学。5月31日，太原市晋源区总工会应邀组织徐谷曜、李琦、李雁鸿、赵敬玲、范玉生、张卓越、朱霞、李琥8名“晋源工匠”，分别走进花塔小学和太原市第六十四中学。工匠进校园，与师生进行面对面交流，传授做人学艺的经验和体会，生动展示工匠精神。

链接：

“晋源工匠”校园传技艺引来学生“哇声”一片

“根雕工艺讲究‘三分人工，七分天成’，重在保留树根的自然形态……”4月18日下午，太原市第六十四中学来了6位“厉害”

的人物，他们就像明星一样吸引了不少学生围观。

他们究竟是谁？又为何而来？记者前往探访后才得知，原来这6位都是刚刚入选的“晋源工匠”。他们个个身怀绝技，此次就是应邀来到六十四中学与师生进行面对面交流，让大家亲耳聆听时代工匠的匠心故事，亲身目睹工匠的精湛技艺。

6位“工匠”老师受欢迎　学生慕名来“围观”

“俗话说‘朽木不可雕也’，但根雕所要选的材料，还就得是这些被嫌弃的朽木……”当日17时，正是六十四中学选修课的时间。听说有6位技艺超群的工匠大师前来传授技艺，学生们可是高兴得不得了，从初中到高中，每一个大师都被学生“包围”了。“这还是我第一次站在讲台上，有点儿紧张。”在二楼高一年级教室讲解根雕课程的晋源区根雕协会会长张伟，有些不好意思地说。为了保证教学质量，他可是花了数个小时备课，把根雕的入门知识，通通写在了一沓稿纸上。

“根雕工艺讲究‘三分人工，七分天成’，重在保留树根的自然形态。”为了让学生们更直观地了解根雕艺术，张伟带来了自己的作品“昭君出塞”。错综复杂的根结布置将骆驼背上的昭君回望家乡的复杂心情表现得淋漓尽致，起初还颇为紧张的张伟，在讲起他的根雕时，瞬间就打开了话匣子。听着他生动的讲解，台下的小粉丝不停地点头应和着。

“哇，太好看了。”记者正听得入迷，就听到另一边的教室里传来阵阵叫好声。循声而至，在另一个教室里所有的学生都围在最前排的两张桌子边，桌上放着两个大灯箱，灯箱里放着细细的沙子。

原来，这里是沙画体验课，讲课的人是"90后"朱霞。

站在孩子中央的朱霞，一点儿都不像老师，倒像是一个孩子王，带领着一帮"淘气鬼"肆无忌惮地玩沙子。只见朱霞用右手轻轻划拉了两下，堆放在一侧的沙子就铺满了整个灯箱。"来伸出你们的右手拇指，要记得用拇指的侧面，向上推沙……"她一边讲解一边做着示范，平行推出两块长方形空白后，又将右手食指指端立在空白上方，用指甲画着螺旋线。

"是玫瑰花，好漂亮呀！"朱霞还没画完，身边的一个女生已经按捺不住内心的激动，向朱霞投来崇拜的目光。

希望开设特色选修课程　培养一批非遗小传承人

"风筝的制作必须把握精度，这样才能掌握风筝的平衡。""剪纸，设计很重要，而且必须突出主题。""葫芦镂空是葫芦烫画的一种延伸，工艺烦琐，易碎，所以为了选到优质的葫芦，葫芦的培植特别重要。"短短一个多小时的课程很快就结束了，学生们意犹未尽，迟迟不肯离开，依然追着授课老师提出各种问题。"这次进校园，主要是想让学生们通过了解传统文化，喜欢并传承传统文化，传承工匠精神，让他们明白无论做什么都必须持之以恒。"此次传授葫芦烫画的李琦这样说道。

"下一步，我们要把今天所开设的体验课程落实到我们的课堂里。"太原市第六十四中学校长王秀中告诉记者，"一直以来，我们都很注重学生的道德教育和能力培养，而且我们也作出了很多成绩。"

说着，他指向会议室墙边的书柜，记者看到与屋顶同高的书柜上摆满了各种奖杯与奖状。王秀中说："开设这样的活动，目的就是要加强校园文化建设，丰富师生校园文化生活，提高学生对非物质文化遗产的认知水平和保护意识，让学生关注、学习和传承中华民族传统文化，增强文化认同感和文化自信心、自豪感，点燃和激发爱国热情，在实现中华民族伟大复兴的道路上贡献他们的智慧和力量。这次活动我们引进剪纸、沙画、园艺、根雕、葫芦烫画等体验课，有很多都属于非物质文化遗产，我们应该传承下去。”

王秀中表示，下一步，学校将开设一些非物质文化选修课程，除了这次的体验课，还会加入面塑、丝带绣等课程。通过这样别具特色的选修课程，培养一批非遗的小传承人。同时，学校还将在校园内创建一个非物质文化博物馆。

（2018 年 4 月 20 日《太原晚报》06 版

2018 年 4 月 19 日《凤凰新闻》《晋源工匠走进太原六十四中传承工匠精神》）

2018—2019 年，萧刚积极参与太原市文化宣传活动，为市委宣传部、市文明办提供主题绘画作品，目前作品使用已覆盖全市范围。他还设计打造了多处宣传文化墙，受到广泛好评。

2019 年 1 月 29 日，为迎接“二青会”的举办，营造“两节”气氛，展示晋源区在文明城市创建工作中的精神风貌，晋源区总工会、晋源区文化和旅游局、义井街道办事处在长风国贸第六馆共同举办“晋源工匠”进六馆迎新展销活动。王学文、韩福元、刘洋、张跃进、李琦等“晋源工匠”积极参与，以匠心、食味、花艺、水墨四个主题全方位展示晋源全域旅游示范区的建设成果。

链接：

农民画家王学文：书画练习40余年，描绘美丽乡村

一袭中式黑衣，脚踏黑色布鞋，一手持颜料盒，一手持画笔，在巨幅的“汇聚区能量，共筑中国梦”壁画上涂抹着，壁画上长城屹立、迎客松大气、黄河从容……11月9日上午，王学文再次来到太原市晋源区杨家村，为曾经的作品着色。

手绘上墙轻松写意

任谁也不会想到，这幅接地气的乡村作品是王学文在没有图纸的情况下，徒手直接墙绘的。“先处理整体，再润色细节，最后回到整体，达到整体和谐……”谈及这幅壁画的创作，王学文的回答轻松写意。这得经过多少次的失败，多少年的历练，才积淀了这样画工，达到随心所欲的境界？自始至终的喜爱，40余年的坚持，王学文给出了他的答案。

每天5点钟起床，在他的“晋阳草堂”里练习书法绘画，从不间断。“人家是真能坚持，多少年了从没间断过。”这份坚持让妻子也钦佩不已。

现年51岁的王学文从小生长于风景优美的天龙山脚下，自幼跟随父亲学习书法。“父亲是老师，从五六岁开始，我就跟随他学习书法。当时每逢春节，村民就拿上红纸来找我父亲写对联，父亲忙不过来，我就帮忙写了，那时我还不到10岁。”王学文笑着说道，似乎带着些当时能顶替父亲写对联时的喜悦。

画像寻人坚定信念

写得多了，王学文的书法也越写越好。俗话说，书、画不分家，10余岁的王学文开始接触美术，并对此产生了浓厚的兴趣。在那个年代，父母怕耽误了学业，强行没收了他的画笔，但王学文只要一有时间就会偷偷地画上几笔。

年幼的王学文并没有因为家人的反对而放弃对美术的热爱，"画像寻人"一事的发生，更加强化了这个信念。"当时村里一个十几岁的后生丢了，找了十几天也没找到，40年前的娃娃也没有相片啥的，知道我会画，就找到我，我根据他二哥的相貌画了一张像，就拿着开始找，几天后在火车站询问的时候，一个人突然说见过像上的人，结果就真的找到了。"走失孩子的父母紧紧地拉着王学文那一双稚嫩却有力的小手，不停地道谢。那是小小的王学文第一次感受到别人对自己坚持绘画这件事的认可，也更加坚定了他为老百姓创作的决心。高中毕业后王学文到山西大学进修国画，学成后归家创业，办瓷砖釉上彩加工厂，为乡村照壁、院墙作画。2012年他转型从事墙壁绘画创作、美丽乡村文化墙设计。

农村滋养绘景乡村

"集体收秋粮""村民争先恐后入社"……王学文为平顺县西沟乡三里湾村创作的20多幅壁画组成的文化墙，以黑白连环画的形式讲述了新中国第一个农业合作社——三里湾合作社诞生的故事，细腻的画面、朴素的表达，受到当地政府的好评。

当时太原市及晋源区的部分领导在三里湾参观了壁画后，觉得效果非常好，就拍了照片，回来一打听知道是王学文做的，当即决定打造晋源区杨家村文化墙。

从国家层面到区域发展层面的“乡村振兴”，从村级层面到家庭层面的教化人心，50余幅2000余平方米，连写带画，全部由王学文设计，画风古朴拙雅、表达直白、通俗易懂。自此，美丽乡村成为王学文最重要的绘画主题。

从三里湾壁画到杨家村文化墙，再到杜里坪大型墙绘，王学文的绘笔深入大大小小的美丽乡村。画面以大量山水画为主，山水并不是现实中的山水，而是王学文脑海中的“世外桃源”。按照他的说法，从小“游荡”于山间的羊肠小道，潺潺溪流，对村里的山水树木都有很深的感情，受农村的水土滋养，就要用自己所学回馈到农村去。

离不开的是手中的笔，剪不断的是浓浓的乡愁。“我出身于农村，创作的源泉来自农村。我就是农民画家，理应为老百姓创作，为美丽乡村绘景。”面对大家认可，王学文谦逊真诚地说。

（2020年11月19日《生活晨报》全媒体记者：王培霖　通讯员：杨润德 梁月仙 太原报道）

2019年6月6日，太原市晋源区总工会组织张伟、武茂盛、李琦、刘洋、宋二牛、韩福元、武俊敏、赵敬玲、张卓越、刘志红、徐谷曜和张留福等工匠参与晋源区第二届插秧文化节的展销活动。

2019年8月，太原市晋源区总工会组织李琦、赵敬玲等工匠参与“二青会”的展销活动。

2019年9月26日，太原市晋源区总工会组织李琦、赵敬玲、徐谷曜、刘志红、刘洋、王学强等工匠参与晋源区第二届花卉艺术节的展销活动。

2020年8月21日，太原市晋源区总工会组织李琦、赵敬玲、武茂盛、韩福元、武俊敏等工匠到寺底村参与展销活动。

2020年9月、10月，太原市晋源区总工会分两批组织韩福元、李琦、赵敬玲等工匠参与太原市农产品展销会的展销活动。

2020年10月15日，太原市晋源区总工会组织赵翠莲、薛英、赵敬玲、杨葆彦、杨庆燕、韩福元、闫万生、朱霞、武茂盛、罗永军等工匠到晋阳湖举办文化集市。

2020年，全国抗击疫情期间，萧刚积极创作主题宣传画，参加九三学社画院抗疫作品展。

除此之外，为提升工匠认同感、归属感、自豪感，太原市晋源区总工会积极组织工匠在晋源区政府广场参加元宵节观礼活动、在晋阳湖公园观看“如梦晋阳”水秀演出、前往龙山景区赏红叶、在山西大剧院观看大型交响音乐会、在太原植物园开展新时代文明实践等活动。

链接：

现场“非遗”闹元宵！让你一次看个够

所谓元宵节，农历正月是元月，古代称夜为“宵”，所以一年中第一个月圆之夜名为“元宵节”。节日民俗包括出门赏月、燃灯放焰、喜猜灯谜、共吃元宵等。2008年6月，元宵节选入第二批国家级非物质文化遗产名录。

元宵节本身就是“非遗”，难怪这个狂欢的节日会成为各级各路“非遗”项目的盛宴。山西作为文化大省，非物质文化遗产遗存丰富，位居全国前列。恰逢元宵节，“非遗”项目也都迎来了在全省人民面前展示的好机会……

正月十三，首届太原“非遗”元宵晚会在太原工人文化宫举行，太原锣鼓、太原民歌、太原莲花落、太原秧歌、晋剧等，让观众们拍手称快。此前，太原市文化局派出了 13 个“非遗”项目近 200 名艺术“非遗”工作者、代表性传承人奔赴江苏南京，参与了“2018首届中国‘非遗’春晚”的录制。

首届太原“非遗”元宵晚会由太原市文化局、迎泽区人民政府主办，20 多个“非遗”项目生动再现，国家级传承人谢涛、武忠也先后登场。整场晚会古韵留香清新雅致，充分展现了太原市“非遗”的艺术魅力和时代风采。

太原锣鼓在太原汉族民间社火习俗中有着独占鳌头的地位。太原锣鼓声色雄壮、风格强健、层次分明、动作舒展、节奏鲜明，表演场面甚为壮观。2008 年，太原锣鼓入选国家级非物质文化遗产名录。

太原莲花落是一种流传于太原周边说唱兼有的传统曲艺艺术，传统曲目多以当地人熟知的历史故事、民间传说为主要内容，特色在于说唱内容风趣幽默，太原话原汁原味，极具感染力。2010 年 6 月，太原莲花落入选第三批国家级非物质文化遗产名录。

正月十四，由太原市文化局组织的“非遗演出小分队”在太原市大关帝庙盛装出场，为周边群众带来了社火表演，“划旱船”“太原锣鼓”“背棍”等传统非遗项目一一呈现。

此次演出的“非遗小分队”约有70人，全部由小店区的农民朋友组成，这些演员当中，最大的有近70岁，最小的只有5岁，他们利用农闲及夜间休息的时间，统一组织队伍，传承技艺，进行排练。

太原社火是我省历史悠久的传统民俗文化活动，传统的太原社火主要有太原锣鼓、太原秧歌、狮子龙灯、高跷旱船、背棍、铁棍、莲花落、二人台、哑老背妻、二鬼摔跤、刘三推车、大头娃娃、跑场秧歌等表演项目。

“耍红火，弄红火，婆姨娃娃全家乐。”这是老太原人的一句俗语，其实闹红火就是闹得一个开心，闹得一份吉祥，闹得一片祝福。太原的民俗文艺源远流长、丰富灿烂，社火习俗最为夺目。

“风火流星”想练好真不容易、“三三叉”原来是这么玩的、“跑驴驴”真有意思……正月十四，太原理工大学子弟小学举办了第44届传承中华文化教育活动。

本次活动由晋源区总工会牵头组织，最大的亮点就是非物质文化遗产进校园，孩子们过了一个货真价实的“非遗”元宵节。

参加当日活动的表演队伍有近百人，大都是晋源区工会各职工义务辅导站成员，有晋源区“唐风晋韵舞蹈团”“晋阳风火流星表演艺术团”、东城角村“三三叉民间表演艺术团”、晋祠“民间社火表演团”等。活动现场，人头攒动、热闹非凡。太原锣鼓、广场舞、扭秧歌……各项民间表演依次上场，最受同学们欢迎的，还是“非遗”项目。

“绒绳一条4尺长，两头各系铁丝网；铁丝网中燃木炭，舞动绳儿随意转；人醉火中火映人，火在手中现缤纷……”赫赫有名的国家级非物质文化遗产“风火流星”果然让人大饱眼福。学生们在观看赞叹之余，纷纷参与其中，走进社火表演队伍，近距离了解民俗文化。

太原理工大学子弟小学老师表示：“今年是第一次把晋源社火及非遗文化引进校园，让学生们参与进来，有利于近距离感受和了解中国传统文化。”晋源区总工会负责人认为，非物质文化遗产走进校园是宣传普及“非遗”知识的良好契机，能够在青少年一代中播撒“非遗”种子。一把剪刀翻飞，一个个栩栩如生的小动物从纸上跳出……正月十五，在省图书馆的元宵节活动中，山西民间工艺美术大师康冬云现场展示非遗剪纸艺术。大师创作行云流水，小朋友看得津津有味。

2006年，剪纸艺术就被列入第一批国家级非物质文化遗产名录。康冬云是山西剪纸艺术民间工艺美术大师，作品被国内外多家机构收藏。拿手绝活“一刀剪”——康冬云在艺术创作中，无须打底稿，中间无断剪，从头到尾一刀剪成，每幅作品都是作者的原创。

正值元宵节，爱心人士和团体来到太原市社会福利精神康宁医院，与这里的孩子和病患一齐欢度元宵节。其中的礼物，就有舌尖上的非遗——清德铺桂花元宵。

清徐县清德铺村的村干部带着秧歌队和村里人做的元宵，特意给医院的孩子和病患带来节日祝福。该村盛产的“清德铺元宵”闻名遐迩，全村上下都掌握着这门做元宵的老手艺。在这样一个时刻，元宵成为传递爱心的载体。

（2018 年 3 月 2 日《山西云媒体》 记者：郜蓉

2018 年 3 月 12 号《新媒体梦想山西》《非遗技艺给“元宵”加点儿甜》）

3. 打造文化名片

从 2018 年起，晋源区总工会选取了多批次具有鲜明地方特色、有一定宣传效果和产业带动力的项目进行了重点扶持。将非遗工美与主流精神、城乡特色、历史文化、民俗特色等有效融合起来，创作了《小贾说店头》《崖壁古堡程家峪》《画说蒙山大佛》《味道晋源》《秀美风峪沟》等一批助力晋源文旅的图书、画册、连环画等各类形式的宣传手册；累计投入 60 多万元，对剪纸、沙画、陶艺、木艺、酿造、园艺等 10 多个行业 30 多个工作室进行了重点扶持，产生了良好的经济效益和社会效益，使晋源非遗工美行业展现出创新引领、多元融合、良性循环、蓬勃发展的良好态势。“晋源工匠”已成为活力晋源的一张亮丽的文化名片。

链接：

“蒙山圣境”首日封今天举行首发仪式

熟悉我们节目的观众朋友肯定都知道，“花海蒙山 · 魅力晋源”活动从 4 月 29 日启动以来，已经在蒙山景区进行了好几天了，活动现场不仅有各地的美食可以品尝，还有来自四面八方的大厨以“菜”论英雄。今天有一个特别的活动就是以蒙山为主题的“蒙山圣境”

首日封今天在蒙山景区举行了首发仪式。

记者张舟：我现在所在的位置是蒙山的山脚下，今天在这里举行的是花海蒙山魅力晋源“蒙山圣境”首日封的首发仪式。蒙山作为我们太原非常重要的一个景区，今天也是通过这个首日封的发布，对全国的游客敞开了大门。

为了让更多的人认识蒙山、了解蒙山，配合花海蒙山魅力晋源的活动，晋源区总工会和太原邮政合作，创意和策划了这一套蒙山主题首日封，让大家有一个来蒙山的理由。

晋源区总工会主席刘志刚：晋源正在全力推进全域旅游示范区的建设，我们需要通过各种有效的载体，把晋源丰厚的历史文化、人文景观，特别是美丽的蒙山大佛推向全国，吸引世界。

本次首发的“蒙山圣境”首日封共有三枚，其中两枚印的是我省著名画家萧刚创作的钢笔画《连理塔》和《蒙山大佛》。

首日封创作绘画者萧刚：我选了一个中景，是因为我想让大佛更有一种全貌感。而且在视觉感受上，它有远景、中景和近景的三个层次，让大家觉得这个大佛更加丰富。

另外一枚《蒙山梵音》则是由新锐画家武玉龙创作的水彩画。

首日封创作绘画者武玉龙：为了把我们的感情融进去，把晋源悠久的历史、人文的情怀装进我的这个画面当中，我做了一些处理，用这样的处理让它蒙上了非常迷人的一种魅力。

这几枚独具晋源特色的“蒙山圣境”首日封作为“花海蒙山·魅力晋源”系列活动中的一项，也是把蒙山打造成一处弘扬生态文化，特色文旅景区的一部分。在接下来的时间里，蒙山景区还有美食比赛、摄影大赛等一系列的活动，让大家领略晋源独特的魅力。

（2018 年 5 月 4 日《TYTV 发现》）

4. 各级领导关怀

太原市晋源区总工会孵化、选树、扶持、推广工匠人才的系列活动，营造了劳动光荣的社会风尚和精益求精的敬业风气，得到全总、省、市、区各级领导的关怀。

2018 年 5 月 3 日下午，由中华全国总工会副主席、书记处书记、党组副书记邓凯带队的调研组一行 5 人在省人大常委会副主任、省总工会主席高卫东，太原市委副书记李新春等陪同下深入太原市晋源区总工会调研，邓凯副主席高度评价太原市晋源区总工会聚焦建功立业，认为太原市晋源区总工会“把职工创新人才积极性充分调动发挥，这条路走对了、走好了”。

2018 年 8 月 28 日下午，中华全国总工会书记处书记石岱一行，在省人大常委会副主任、省总工会主席高卫东，省总工会党组书记、常务副主席王蕾陪同下，深入晋源区调研工会女职工工作。石岱书记肯定了晋源区工会工作，认为“太原市晋源区总工会围绕创建全国一流工会目标真抓实干，在许多方面的探索卓有成效，值得借鉴”。

2020 年 8 月 19 日，中共山西省委常委、太原市委书记罗清宇在市委常委、秘书长刘鹓，副市长车建华和晋源区委书记李永强等同志陪同下，来到晋源区罗城街办寺底村参观“晋源工匠”文创展区。罗清宇对太原市晋源区总工会工匠人才培育工作予以充分肯定，并提出了几点要求和希望：

①组织工匠积极参与全市职工技能大赛。②在促进消费、发展旅游中注意扶持工匠做大规模、做强品牌、做优产业，工会、文旅和农业农村部门要形成合力，选择一些相对固定的点，可每周组织文化集市。③弘扬工匠精神，传承工匠技艺。组织开展工匠展演巡讲活动，工会可以安排工匠到市里讲课。④发现骨干人才，培养年轻工匠，给足用活扶持政策，让工匠无后顾之忧。⑤积极创造条件，推动工匠作品在文博会上亮相出彩。⑥工匠产品展示与乡村旅游要素（如民宿、小吃）相衔接，形成特色供应链。

罗清宇书记关于工匠人才培养的重要指示，是对晋源区工匠队伍的鼓舞和激励，为太原市晋源区总工会后期工作创新指明了方向。

第二节　“晋源工匠”政策参与

对于太原市晋源区总工会累计投入上百万元资金倾情扶持推动及实施的众多精准帮扶措施，工匠人才积极参与，工匠知晓度较高的帮扶措施为搭建信息交流平台、搭建工艺品展示或销售平台、举办传统工艺赛事，知晓度分别为64.20%、54.32%与48.15%；工匠参与度较高的帮扶措施为搭建信息交流平台、搭建工艺品展示或销售平台、给予传统工艺者荣誉或物质奖励，参与度分别为51.85%、43.21%与43.21%。可见，太原市晋源区总工会的系列帮扶措施，宣传基本到位，工匠人才凡是知晓的都能积极参与。

表10–1 政府政策推广与参与情况

帮扶措施政策	工匠知晓度	工匠参与度
搭建信息交流平台	64.20%	51.85%
搭建工艺品展示或销售平台	54.32%	43.21%
举办传统工艺赛事	48.15%	41.98%
给予传统工艺者荣誉或物质奖励	45.68%	43.21%
组织传统工艺者走进社区和课程	29.63%	43.21%
组织参加博览会、交流会等	41.98%	33.33%
组织传统工艺者参加技艺培训	32.10%	24.69%
建设传统工艺产品孵化基地	30.86%	23.46%
组织传统工艺者赴外地采风考察	19.75%	12.35%
给予传统工艺企业资金扶持	17.28%	11.11%
政府购买传统工艺品	16.05%	12.35%
其他	8.64%	—

表10–2 太原市晋源区总工会工作心得体会

晋源工会总关情	
工匠人才	工作心得体会
白　静	太原市晋源区总工会是我们最贴心的娘家人，在这里时刻都能感受到家的温暖和亲人的关怀。我几年前在一次画展中偶然遇到过刘志刚主席，初次见面倍感亲切，也得到了刘主席的鼓励和认可，让自己在教学的成长道路上有了更多动力和前

续表

晋源工会总关情	
工匠人才	工作心得体会
	进的方向。 2019 年在学校领导和工会的大力支持下，我们将传统非遗剪纸工艺首次引进校园课堂并特邀我区工匠艺人赵敬玲老师亲临讲授和指导。我们师生共同创作了一批批内容丰富多彩的剪纸作品，大多以家乡的历史文化为题材。在区总工会的推荐下，两幅剪纸长卷作品《晋祠侍女像》《多彩太原》首次亮相全国第二届青年运动会现场并进行了为期一个多月的展览，向全国展现了晋源风采。与此同时，剪纸长卷作品《大美山西》在太原美术馆进行展出，得到了现场观众的好评。 在之后的创作中，通过考察、学习和研究，我对剪纸文化有了更深刻的认识和理解。为了更好地完成创作，在工会的大力支持下，我选购了先进的剪刻工具、各种纸材、颜料等方便我们创作作品，并突破最初的单色剪纸，尝试创作了染色剪纸作品，将晋祠侍女像以剪刻和绘画相结合的形式呈现，初见成效。2020 年的 8 月参加了太原市非遗文创展，我们的作品再次亮相会场。 有工会大家庭做坚强后盾，相信我们的发展会越来越好。真心感谢总工会对我们的关心和帮助，我们会继续做好自己的工作，将传统文化传承和弘扬下去。
赵敬玲	“小时候跟随老人学剪纸，后来一直作为生活中的兴趣爱好。这几年参加了太原市晋源区总工会组织的多次活动，认识了郭梅花等剪纸艺术家，向剪纸名家学习的同时自信心逐渐增强，并成立了晋缘剪工作室，把兴趣变成了工作，在潜心创作的同时，也增加了收入。”
李　琦	“由于从小对葫芦的耳濡目染，所以对葫芦有一种特殊的感情，葫芦工艺创作也一直是我生活中必不可少的精神大餐。特别是在近年加入太原市晋源区总工会组织以来，结识了各位

续表

晋源工会总关情	
工匠人才	工作心得体会
	工匠大师，给我的创作也带来了创新，有了新的灵感，也对工匠精神有了更深层次的理解认识，对自己的创作有了新的定位。在区总工会的大力扶持下成立了自己的工作室，在技艺传帮带的同时，也将工匠精神进行了传承、发扬。"
王学强	"多年在外求学陶瓷技艺，未曾将视线转移至晋源本土的多彩艺术工艺门类。近两年参加了晋源工会组织的多场活动，使我有了强烈的归属感。本土艺术和乡愁情怀，是深入骨血的。工会是我将来的创作路线和发展的方向。"
武茂盛	"自幼喜欢画画，大学报考美术学专业，主修木刻版画，毕业之后一直在艰难探索木刻版画的市场经营，在传统技艺与市场需求之间不断寻找平衡点。这几年参加了太原市晋源区总工会组织的各种活动，结识了很多志同道合的朋友以及同类行业的前辈老师，彼此交流心得，获益匪浅。在太原市晋源区总工会的带领下，让自己紧跟时代潮流，融入了手艺人的圈子，相信在未来，业务必然蒸蒸日上。"
韩　伟	"小时候跟随父亲学习晋祠桂花元宵制作工艺，随着时间的变迁，渐渐地把元宵和生活融到一块，我一定要把晋祠桂花元宵发扬光大。这几年参加了太原市晋源区总工会组织的很多活动，认识了萧刚老师，并向萧刚老师学习了营销、运营等经验，也跟其他老师学习了有利于自己的经验，让自己的技能有了提高，同时也增加了收入。"

第三节 “晋源工匠”政府评价

1. 帮扶力度评价

表 10–3 帮扶力度评价

对工匠帮扶力度评价	加大	略加大	持平	略松减	松减
占比	45.57%	20.25%	17.72%	7.59%	8.86%

对于2019年太原市晋源区总工会在培育工匠人才方面的扶持力度，调查显示，认为力度加大的工匠占45.57%，认为力度略加大的工匠占20.25%，认为力度持平的工匠占17.72%，认为力度略松减的工匠占7.59%，认为力度松减的工匠占8.86%。**可见，近七成工匠人才认为太原市晋源区总工会2020年的扶持力度较前几年持续增加，这是对太原市晋源区总工会工匠培育工作的充分肯定。**

2. 帮扶措施满意度

对于太原市晋源区总工会在培育工匠人才方面的帮扶措施，选择非常满意的工匠占41.25%，选择满意的工匠占25.00%，选择一般的工匠占16.25%，选择不满意的工匠占7.50%，选择非常不满意的工匠占10.00%。以5分制为满意度评价标准，则太原市晋源区总工会帮扶措施满意度为3.8分，满意率为82.50%。**可见，太原市晋**

源区总工会在工匠培育、选树方面所做的系列工作，工匠满意度较高，但依然有进一步改进和提升的空间。

表 10-4 帮扶措施满意度

对工匠帮措施满意度	非常满意	满意	一般	不满意	非常不满意
占比	41.25%	25.00%	16.25%	7.50%	10.00%

第四节 “晋源工匠”政策诉求

表 10-5 “晋源工匠”政策诉求

工匠政策诉求	迫切需要	需要	无所谓	不需要	非常不需要
搭建孵化基地	39.74%	39.74%	6.41%	11.54%	2.56%
组织培训	35.06%	44.16%	7.79%	7.79%	5.19%
组织交流	37.66%	44.16%	6.49%	6.49%	5.19%
行业指导	37.66%	42.86%	7.79%	6.49%	5.19%
举办赛事	28.57%	48.05%	9.09%	9.09%	5.19%
表彰奖励	37.66%	46.78%	5.19%	6.49%	63.90%
拓宽销售渠道	34.62%	44.87%	8.97%	8.97%	2.56%
资金扶持	48.10%	34.18%	5.06%	6.33%	6.33%

晋源区工匠人才在积极探索创新发展的同时，也希望得到政

府的扶持。调查显示，对于资金扶持，迫切需要的工匠占 48.10%，需要的工匠占 34.18%；对于拓宽销售渠道，迫切需要的工匠占 34.62%，需要的工匠占 44.87%；对于表彰奖励，迫切需要的工匠占 37.66%，需要的工匠占 46.78%；对于举办赛事，迫切需要的工匠占 28.57%，需要的工匠占 48.05%；对于行业指导，迫切需要的工匠占 37.66%，需要的工匠占 42.86%；对于组织交流，迫切需要的工匠占 37.66%，需要的工匠占 44.16%；对于组织培训，迫切需要的工匠占 35.06%，需要的工匠占 44.16%；对于搭建孵化基地，迫切需要的工匠占 39.74%，需要的工匠占 39.74%。**可见，晋源区工匠人才对资金扶持、搭建孵化基地、表彰奖励、组织交流和行业指导等有着迫切需要，这也为太原市晋源区总工会后期的工作重点指明了方向——完善现有工匠人才孵化基地，做好设施和人才的配套，鼓励工匠创新，以奖代补；定期组织工匠交流，促进技艺融合；集中产品销售，实现规模效益。**

第十一篇　『晋源工匠』人才发展指数

动态反映“晋源工匠”的综合发展情况，有必要构建“晋源工匠”发展指数。“晋源工匠”发展指数，不仅要能反映手工技艺的销售情况，还要体现手工技艺的制作和创新情况。因此，“晋源工匠”发展指数不仅要包含总指数，还要包含系列分项指数。

第一节　指数编制原理

指数是一种表明社会经济现象动态的相对数。景气指数（Prosperity index，PI）亦称景气度，是对行业景气调查中的定性指标通过定量方法加工汇总，综合反映某一特定调查群体或某一社会现象所处的状态或发展趋势的一种指标。

1. 单个指数编制方法

单个指标的发展变化情况，一般通过量表衡量，如增加、持平、减少三级，或增加、稍增加、持平、稍下降与下降五级等。以五级量表为例，单个指标发展指数编制方法如下：

$PI_{i,t}=W_{i,t}\times\alpha$

其中：i=1，2，Λ，k，

t=2018，2019

其中，$PI_{i,t}$ 为 t 时期第 i 个指标（X_i）的扩散指数；$W_{i,t}$=（$W_{i,1}$，$W_{i,2}$，$W_{i,3}$，$W_{i,4}$，$W_{i,5}$）为第 i 个指标与上年同期数据相比增加、稍增加、持平、稍下降与下降数据占比；α=（2，1.5，1，0.5，0）表示与上年同期数据相比“增加”数据取值为 2，“稍增加”数据取值为 1.5，“持平”数据取值为 1，“稍下降”数据取值为 0.5，“下降”数据取值为 0。景气指数介于 0 和 200 之间，100 为景气指数的临界值，当景气指数大于 100 时，表示行业状况趋于上升或改善，当景气指数小于 100 时，表明行业状况趋于下降或恶化，处于不景气状态。更为细致的划分为：0~100 为不景气区间，100~120 为较景气区间，120~150 为较高景气区间，150~200 为高景气区间。

2. 综合指数编制方法

综合指数编制，即对单个指标指数加权汇总，权重系数的确定最为重要。确定权重系数的方法主要有德尔菲法、方差贡献率法、变异系数法、层次分析法及因子分析法等。其中，方差贡献率法较为常用，该方法认为指标离散程度越大，能反映的评价对象差异越大，越应该赋予较大权重。

方差贡献率法确定权重系数的主要步骤为：

第一步：计算各指标的方差：

$$S_{i,t}=\frac{\sum_{j=1}^{n_i}(X_{ij}-\overline{X}_i)^2}{n_i}$$

i=1，2，Λ，k

其中：

t 时期 X_{ij} 表示指标的第 j 个观察值，$\overline{X}$表示指标 X_i 的均值。

第二步：计算各指标的权数：

$$\omega_{i,t}=\frac{S_{i,t}}{\int_{j=1}^{k}S_{j,t}}$$

方差贡献率法，仅基于指标数据信息确定权重，是一种客观赋权的方法。最终得到 t 时期行业发展综合指数：

$$PI=\sum_{i=1}^{k}PI_{i,t}\times\omega_{i,t}$$

第二节 "晋源工匠"发展指数

1. 评价指标体系

构建晋源区工匠发展指数，评价指标体系包括三个层面：销售、制作和创新，其中销售方面，选取了销售价格、销售量、销售额、销售渠道四个指标；制作方面，选择了制作工艺、制作流程两个指标；创新方面，选取了款式样式、题材图案两个指标。各指标都采用五级量表评价体系，即包括增加、稍增加、持平、稍减少与减少五个级别，相应的权重系数分别为 2，1.5，1，0.5，0。根据各评价指标的方差，计算各指标权重系数，其中销售的权重为 0.20，制作的权重为 0.32，创新的权重为 0.48，具体见表 11–1。

表 11–1 “晋源工匠”发展指数评价体系

一级指标	权重系数	二级指标	权重系数
销售	0.20	销售价格	0.07
		销售量	0.03
		销售额	0.04
		销售渠道	0.06
制作	0.32	制作工艺	0.16
		制作流程	0.16
创新	0.48	款式样式	0.24
		题材图案	0.24

2. “晋源工匠”发展指数

表 11–2 晋源区工匠评价指标指数

工匠评价指标指数	综合指数	销售指数	制作指数	创新指数
指数值	144.47	122.92	145.72	152.53

对“晋源工匠”发展指数评价指标体系加权汇总，即可计算 2019 年“晋源工匠”发展指数。2019 年晋源区工匠发展综合指数为 144.47，其中销售指数为 122.92，制作指数 145.72，创新指数为 152.53。“晋源工匠”在 2019 年取得了卓越的成就，尤其在手工艺品制作和创新方面。相比而言，销售指数低于制作指数和创新指数，表明技能人才作品销售的发展速度慢于作品创作的速度。**可见，精准服务晋源区工匠人才的当务之急就是多举措扩大技能人才的销售**

渠道，不断提高他们的销售额。

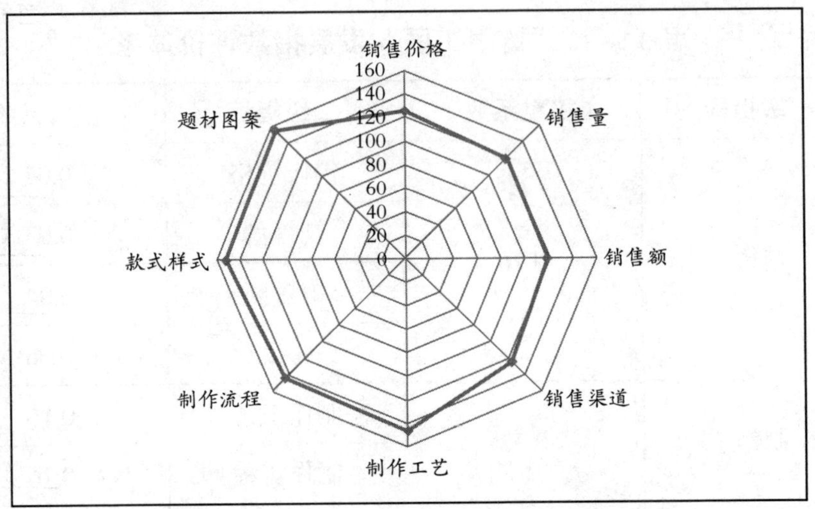

图 11-1　晋源区工匠发展指数

第十二篇　『晋源工匠』人才工作满意度分析

工匠满意度，主要评估工匠对从事职业的认同感、归属感和满足感。调查工匠满意度，有助于了解工匠现状，发现问题，进而为解决问题提供量化数据支撑。

第一节 满意度计算方法

对于满意度测评，本次调查主要采用李克特 5 级量表，包括“好”“较好”“一般”“不太好”和“差”五个等级。根据国际通用规则，“好”赋值为 100 分，“较好”赋值为 80 分，“一般”赋值为 60 分，“不太好”赋值为 30 分，“差”赋值为 0 分。因此，本次调查将满意度计算公式定义为：

满意度 = “好”比例 ×100 分 + “较好”比例 ×80 分 + “一般”比例 ×60 分 + “不太好”比例 ×30 分 + “差”比例 ×0 分

可见，“晋源工匠”满意度得分在 0~100 分，60 分为及格线，90 分以上是优秀，80~89 分是良好，70~79 分是中等。

第二节 “晋源工匠”满意度

晋源区工匠满意度评价围绕工作自身、收入报酬、社会认可、工作条件与自我实现五个层面，采用“非常满意”“满意”“一般”“不满意”“非常不满意”五级量表。

调查显示，“晋源工匠”对工作自身的满意率（非常满意和满意的选择比例）为69.13%，对收入报酬的满意率为50.61%，对社会认可程度的满意率为72.14%，对工作条件的满意率为48.15%，对自我实现的满意率为74.07%。

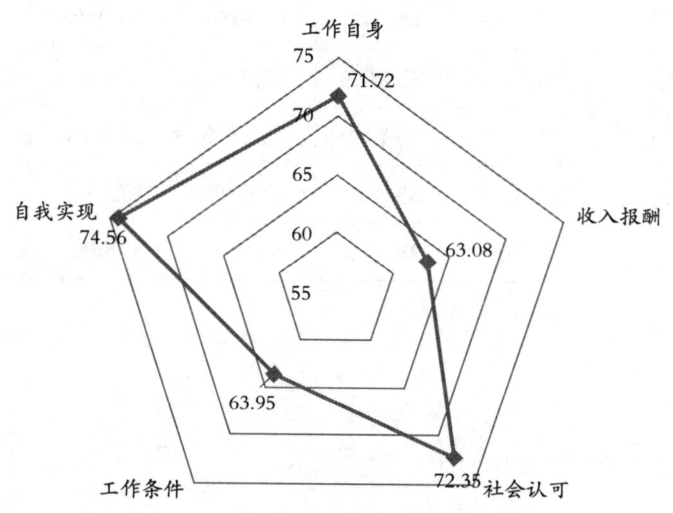

图 12-1 “晋源工匠”满意率

根据满意度计算公式，计算出"晋源工匠"满意度为69.14，其中自我实现74.57，工作条件63.95，社会认可72.35，收入报酬63.08，工作自身71.72。目前，国家高度重视技能人才，技能人才的地位前所未有地获得提升。此外，多数工匠从事手工技艺主要源于兴趣爱好。因此，晋源区工匠人才对工作自身、社会认可和自我实现满意程度都相对较高。由于部分工匠以个体工商户、工作室的形式或利用业余时间创作，工作环境不够好，销售渠道狭窄。**因此，工匠对收入报酬和工作条件满意程度相对较低。随着晋源区工匠孵化基地建设，及相关配套设施逐步完善，工匠人才的兴业环境将有极大改善。**

表12-1 "晋源工匠"满意度

"晋源工匠"满意度	非常满意	满意	不确定	不满意	非常不满意
工作自身	24.69%	44.44%	11.11%	16.05%	3.70%
收入报酬	14.81%	35.80%	22.22%	20.99%	6.17%
社会认可	25.93%	46.21%	13.58%	12.35%	4.94%
工作条件	12.35%	35.80%	29.63%	17.28%	4.94%
自我实现	35.80%	38.27%	8.64%	9.88%	7.42%

第十三篇　结论与建议

第一节　调查主要结论

1. 关于晋源区传统工艺技艺现状调查发现：（1）晋源区传统技艺类别较为齐全，其中雕刻塑造与剪纸刻绘两大类别较为集聚；（2）晋源区工匠技艺水平以"全区最高"为主；（3）晋源区工匠创作作品主要在技艺方面体现晋源地域特色，工匠技艺能力积淀深厚，可为晋源区工匠后续持续发展提供强大动力支持。

2. 关于晋源区传统传承现状调查发现：（1）晋源区工匠从业年限大部分在15年以上，从业时间相对较长，且大部分是出于兴趣学习或从事某项传统技艺。（2）晋源区工匠技艺传承方式以传统模式为主，如向师父或长辈学习。（3）晋源区传统工艺者大部分学徒人数在10人以下，且2020年新招学徒规模大部分在5人以下。学徒中有一至三成以营生为目的，大部分因兴趣爱好学习传统技艺。（4）晋源区工匠人才技艺传承方式多种多样，但"师带徒""父传子"等方式依然是主流模式。

3. 关于晋源区传统工艺产业带动情况调查发现：（1）晋源区工匠创作模式主要以个体工商户或工作室和业余时间创作为主，半数以上的工匠都有后续公司化运作的意向；（2）消费者购买传统工艺品的主要原因是个人收藏、送人礼物以及生活需要，传统工艺品主要销售渠道是朋友订购、微信朋友圈销售以及展览或展销会销售；（3）晋源区工匠工作室（作坊、公司）带动就业规模一般在5人及以下，工匠人才手工艺品销售额明显小于产值，手工艺品“叫好不叫座”的困境局面依然存在，有价无市的工匠也不在少数；（4）在太原市晋源区总工会的积极安排下，工匠事迹或作品得到了众多主流媒体的广泛报道和宣传，也得到社会的高度关注；（5）晋源区工匠在制作工艺、制作流程、款式样式与题材图案方面都有很大程度的改进，说明工匠创作一直在紧跟时代潮流，发展态势良好。

4. 关于晋源区传统技艺知识产权拥有情况调查发现：（1）晋源区工匠人才六成没有专利、著作权和商标等相关知识产权；（2）晋源区工匠人才已认识到知识产权保护对品牌建立、市场开拓和提升产品附加值的作用。

5. 关于晋源区传统工艺发展瓶颈调查发现：（1）目前销售渠道狭窄与消费者需求下降是传统工艺发展面临的最主要问题，拓宽传统工艺品销售渠道、打开销售市场成为亟待解决的问题；（2）晋源区四分之三的工匠对行业未来发展持乐观态度，且大部分希望在未来努力创新并推广传统文化，将传统文化传承、发扬下去；（3）晋源区工匠对工作自身、社会认可和自我实现满意程度都相对较高，对收入报酬和工作条件满意程度相对较低；（4）晋源区工匠认识到大数据技术在手工技艺传承与发展中的重要作用，同时也产生了迫切的技术需求。对标国外和国内发达地区，设备和工具有待改善。

6. 关于晋源区传统工艺政府政策调查发现：（1）太原市晋源区总工会的系列帮扶措施，宣传基本到位，工匠人才都能积极参与，政策匹配度较高；（2）晋源区工匠人才对资金扶持、搭建孵化基地、表彰奖励、组织交流和行业指导等有着迫切需要，这也为太原市晋源区总工会后期的工作重点指明了方向。

第二节　工会后期工作重点

2020 年 11 月 24 日，习近平总书记在全国劳动模范和先进工作者表彰大会讲话时指出，要努力建设高素质劳动大军。他指出，劳动者素质对一个国家、一个民族发展至关重要。当今世界，综合国力的竞争归根结底是人才的竞争、劳动者素质的竞争。我国工人阶级和广大劳动群众要树立终身学习的理念，养成善于学习、勤于思考的习惯，实现学以养德、学以增智、学以致用。要适应新一轮科技革命和产业变革的需要，密切关注行业、产业前沿知识和技术进展，勤学苦练、深入钻研，不断提高技术技能水平。要完善现代职业教育制度，创新各层次各类型职业教育模式，为劳动者成长创造良好条件。技术工人是支撑中国制造、中国创造的重要基础。要完善和落实技术工人培养、使用、评价、考核机制，提高技能人才待遇水平，畅通技能人才职业发展通道，完善技能人才激励政策，激励更多劳动者特别是青年人走技能成才、技能报国之路，培养更多高技能人才和大国工匠。要增强创新意识、培养创新思维，展示锐意创新的勇气、敢为人先的锐气、蓬勃向上的朝气。他要求，要立足党和国家各项事业发展全局，立足党中央对改革发展稳定各项工作的决策部署，围绕国家重大战略、重大工程、重大项目、重点产业，广泛深入持久开展劳动和技能竞赛，积极参加群众性创新活动，汇聚起众志成城的磅礴力量。

根据党的十九届五中全会通过的《中共中央关于制定国民经济和社会发展第十四个五年规划和二〇三五年远景目标的建议》精神，晋源区各级工会后期应加强创新型、应用型、技能型人才培养，实施知识更新工程、技能提升行动，壮大高水平工程师和高技能人才队伍。建议工作重点如下：

1. 加大工匠精神弘扬力度。工匠精神的本质特征在于对本职工作的执着、专注与精益求精的态度和付出。弘扬工匠精神，是新时代的使命呼唤。晋源区总工会将多措并举，加大对工匠精神的弘扬力度。**首先，**要将弘扬“工匠精神”写入太原市晋源区总工会“十四五”发展规划，对宣传弘扬“工匠精神”提出明晰思路并作出总体部署。**其次，**创新工匠宣传模式，用好工会官方抖音号和合作伙伴今日晋源抖音号，与全球蛙、山西符号直播电商基地等本地知名电商平台进行广泛合作，积极探索，解决纵深化、定制化需求的有效路径。**最后，**进一步提高工匠社会地位，在工会参与社会治理中充分调动劳模、工匠积极性，提升增加这部分群体在各级人大、政协、群团组织大会代表中的比例，让越来越多的工匠能从幕后走到台前，成为广大劳动者学习的时尚榜样，形成全社会尊崇工匠的社会风气。

2. 丰富工匠精准帮扶措施。太原市晋源区总工会将进一步加大对工匠的政策扶持力度。3 年多来，对工匠命名及职工创新工作室、工匠工作室、“晋源工匠”扶持资金超过 100 万元。通过综合采用普惠性和结构性扶持政策，从而切实提高工匠的政策参与度和匹配度。**第一，**充分利用职工创新交流中心，将其发展为工匠信息交流平台，为工匠提供技艺交流场地。**第二，**搭建工艺品展销平台，拓宽手工艺品的销售渠道，提高工匠的销售收入。**第三，**持续举办手工技艺技能赛事。结合“五小六化”竞赛活动，为工匠创造切磋技能、展示技艺的机会，在丰富工匠精神文化生活的同时，进一步激发工匠的劳动热情和创造活力。**第四，**组织工匠走进社区、企业和校园，形成具有“晋源工匠”特色的研学课程体系，开展常态化、系统化的宣讲活动，营造尊崇“工匠精神”的浓厚氛围。**第五，**组织工匠参加省内外的各类博览会、交流会的展销活动，与外地工匠相互交流，取长补短，提升技能。**第六，**组织工匠参加省市学历教育和技艺培训，不定期举办各类技能培训班，邀请大国工匠、三晋工匠、高技能人才等讲学传艺，让工匠与国家级、省级技能大师面对面学习工匠技艺，零距离感受“工匠精神”。**第七，**充分利用“工会高级智库”团队资源，为工匠提供品牌策划、商标申办、专利申请、专题讲座、市场调研等贴心服务。

3. 健全工匠日常管理机制。太原市晋源区总工会建立了“晋源工匠人才库”，完成了百名工匠人才的建库建档工作，并通过各种渠道搜集信息不断充实人才库。在此基础上，太原市晋源区总工会下一步的主要工作思路是：**首先，**加强同劳模、工匠的联系，经常了解和掌握他们的工作和生活情况，定期或不定期地走访劳模、工匠，听取他们的意见和要求，逐步形成规范的制度化走访。**其次，**积极为劳模、工匠排忧解难，给他们创造学习、工作和展销条件，对于工作和生活中的一些实际困难和发展瓶颈，给予关心并切实帮助解决。**最后，**定期与劳模、工匠交流沟通，了解其技艺传承和创新情况，传递相关行业动态和最新资讯，让工匠不断吸收最前沿的技术，创造出新成果。

4. 完善工匠孵化基地功能。“工匠精神”是社会文明进步的重要尺度，是中国制造高质量前行的精神源泉，是企业竞争发展的品牌资本。打造工匠联合的“样板间”，从而更好地服务实体经济高质量发展，是时下各级工会的一项紧迫任务。目前，太原市晋源区总工会创建了 1 个职工创新交流中心，1 个新时代职工之家，1 个工匠孵化园，61 个职工创新工作室，5 个创新活动场地。以往，工匠及其团队多数是独立的经济体，单打独斗，缺乏协作，不仅会分散工会人才发展工作精力，也无法形成人才集聚优势。太原市晋源区总工会后期将进一步完善工匠孵化基地功能，以工匠资源不断撬动企业等社会资源。**首先，**改善基地办公条件，增加工匠工位，吸纳技能型人才（特别是传统手工业）入驻基地，增进工匠们技艺交流，激发工匠们创新活力，进而实现人才集聚发展，互联互通。**其次，**在基地拟建设功能型网站，配套建设大数据工作室，引进大数据分析人才，为技能型人才工匠提供专业的数据分析服务，包括精准分析消费者需求、建立手工技艺素材库等，充分发挥数据引导手工技艺创新发展作用。**最后，**搭建“互联网 + 手工技艺”平台，为技能型人才、消费者搭建一个资源整合、需求对接的平台，可以开辟设计师沙龙及区域行业品牌保护直通车，推动在历史文化街区、学区、文旅小镇、文化集市、传统庙会、太原古县城等场所集中展示和销售工匠作品，推动工匠产品展销。利用工会的公信力消除消费者内心的疑惑，提高消费者的购买意愿。

5. 建立工匠考核和退出机制。开展“晋源工匠”评选，是弘扬工匠精神，激励广大技术工人爱岗敬业、无私奉献，加快推进晋源区高质量转型发展的关键举措。目前，太原市晋源区总工会已建立比较完善的“晋源工匠”评选和奖励机制，后期将进一步完善考核和退出机制。为了提高“晋源工匠”的社会影响力，避免“工匠荣誉”泛滥，就必须坚持总量控制，将荣誉真正授予政治素养过硬、道德品质高尚、技艺水平高超、工匠品质突出的一线工作技能型人才。

因此，工匠评选要有考核和退出机制，让合格的匠人领取奖励和补助，才能让“工匠”评选机制更有活力，从而鼓励技能型人才在技艺传承和创新中更有作为。在考核机制上，将重点围绕技艺、传承、创新、诚信、道德等层面构建评价指标体系，对于在技术上不能很好地“传帮带”，不能很好地解决实际问题，缺乏诚信、道德问题严重、弄虚作假、任期内受到刑事处分的，经查实，均将撤销其荣誉称号。

第三节　关于工匠工作的相关建议

1. 坚持传承手工技艺。 手工技艺是传承了数百甚至上千年的艺术，饱含着传统社会生活中工艺技术方面的匠人智慧。面对新趋势、新行业、新生活方式不断涌现的社会背景，工匠依然应当顺势而为，坚持传承好手工技艺。面对时下年轻人对工匠技艺传承热情度不高、部分非遗项目后继乏人状况，工会及各级政府相关部门应在创新“生态”和“土壤”方面多点发力，及时出台相关鼓励扶持政策措施。**第一，** 开设一批学习技能技艺公益课堂，扩大公众对工匠精神的进一步认知。对质量精益求精、对技艺不断改进、对作品精雕细刻，在技艺创作中传递精益求精的积极态度和正能量。**第二，** 积极开展带徒授艺，在注重言传身教的同时，充分利用互联网计算机技术开启云端课堂，打破传道授业的空间和时间局限。**第三，** 更新师徒观念，将学徒制与雇佣制相结合，将学员制与培训制相结合，适当给予学徒工资、收取学员学费，提高师徒结对、互帮互学的积极性。**第四，** 丰富学徒培养内容，既要传授专业知识、操作技能、作业规范，也要讲授职业素养、工匠精神，培养学徒成为德才兼备的人才。**第五，** 开发一批与中央倡导劳动教育相适应的研学课程。**第六，** 民间手艺人要注重横向合作，抱团取暖。通过同一平台跨界协作，持续发酵，形成互利共赢的文化生态。

2. 牢固树立创新意识。党的十九届五中全会提出，坚持创新在我国现代化建设全局的核心地位，把科技自立自强作为国家发展的战略支撑。落实这一要求，需要顺应数字化大趋势，上云数据赋智，不断发掘、培养、善待各类创新人才，尤其是与党政中心工作联系紧密的工匠人才。不断激发其追求突破、追求革新的创新内动内蕴。工匠精神是一种职业精神，其基本内涵包括敬业、精益、专注、创新等。在工业化、智能化的今天，"互联网＋"取代了不少手工小作坊，因此工匠精神的核心在于创新。工匠群体应牢固树立创新意识，做到传统文化与现代科技的有机统一，在制作技法、素材选取、外观设计等环节大胆进行改良、创新，在传承中创新，在创新中传承，为手工技艺开辟新的发展空间，从而更好融入当地经济高质量发展大局，当好主人翁，建功新时代。

3. 注重研究消费需求。手工技艺是为人的生活而创造，发展到极致就成为艺术品。工匠要坚持两条腿走路，既要打造艺术精品，也要创作适合大众的作品，以适应新发展阶段人民群众对高品质生活的追求。尤其是要在供给优质产品、促进国内循环方面有所作为。因此，工匠应注重研究新发展格局形势下的消费需求，用消费需求指导艺术创作，用艺术创作激发消费需求。在创作环节，要突出地域特色、时代特色，打造具有晋源特色、体现省会形象、官方认可、市民喜爱的伴手礼。

4. 创新作品销售模式。工匠应利用"互联网＋匠人"的产业模式，将"东家·守艺人"微拍堂等现代化的电商销售模式融入流传千年的手工技艺中，推进品牌建设，为传统手工技艺赋予新时代的品牌价值。一方面，入驻淘宝、天猫或京东等平台，将市场面向全国；另一方面，注册抖音、快手、火山等账号，用视频全流程记录作品创作，全方位展示手工技艺，并通过短视频直播带货。可以尝试与文艺工作者合作，创作一批诸如工匠文化传承情景剧，以增加客户体验感，激发出消费欲望。

5. 主动开展对外交流。追求工匠精神，既要潜心创作，耐得住寂寞，精心而专注地把作品做到极致；也要主动对外交流，融百家之长、补己之短。在新发展阶段、新发展理念、新发展格局条件下，共享经济、协作经济快速发展，并延伸出新业态、新模式。工匠加强对外文化交流，既可以切磋技艺、取长补短、提高技能，也可以挖掘优势、扬长避短、做精做优。

6. 积极参与工会活动。晋源区工会应不定期组织系列工匠主题活动，包括组织工匠进社区、校园、企业，进驻历史文化街区、景区和古村落，发展假日经济、夜经济，组织工匠参与国内外博览会、交流会等线上线下展销活动，举办“五小六化”竞赛活动，举办工匠培训班等。工匠应积极参与各项主题活动，勇于从幕后走到台前，在群众中树立工匠形象，在弘扬工匠精神的同时，也提升了自身的品牌价值。

7. 借力新媒体影像传播。区别于对产品的性价认可，消费者对工匠作品的认可更多源于工匠本身，而对创作者的认可需要时间的积累和恰当的表达。工匠品牌价值的提升同样需要时间积累和理念共鸣，所以立体宣传应是伴随工匠营销的一项常态工作。新媒体时代，个人创作门槛降低、平台多样、成本低廉、受众精确、电商直连、服务便捷，图文、视频、直播等诸多形式给工匠宣传提供了更多的机会，通过合适的平台与宣传内容跟用户建立更长久的互动关系，才能完成消费者主导的“需求→搜索→交易”模式向工匠主导的“陪伴→引导→交易”模式的转变。

8. 丰富个人 IP 属性。标签是网络时代消费者对产品的“记忆点”，也是建立消费关系的“需求点”，工匠不仅要满足消费者对精品、产品服务的实用性需求，还要满足消费者日益提升的精神、文化、体验等方面的参与性需求，工匠不只是一个创作者，还应该具备表演艺术属性、文化讲师属性、研学导师属性，这就要求工匠创作形式由封闭钻研式向开放分享式转型，提升交流表达能力、优化设备技艺流程、提高行业文化素养，最终完善个人 IP 属性，完成向综合型工匠的全面进化。

9. 重视工匠文旅融合。文化与旅游往往具有密不可分的联系。文化是旅游的内涵载体，旅游是文化的市场依托。旅游消费需求随着近年来消费升级的引导，不断衍生出体验消费、文化消费、内容消费和再消费的需求。工匠手工技艺代表着最传统的工艺品价值，其创作创新理念是艺术性的具象表现，不同于一般市场千篇一律的工艺产品，工匠作品赋予景区在本身内容以外深厚的文化属性。晋源区范围内晋祠、蒙山、太原古县城、店头古堡、赤桥古村等景区，有深厚的文化底蕴为依托，却长久以来缺乏文化产品内容的填充，工会应发挥文化点石成金作用，讲好文化同根同源精彩故事，振兴乡村大产业。积极推动“晋源工匠”以产品技艺元素融入景区构建，融入区域发展战略，营造浓厚历史文化的整体业态氛围。

链接：

中华全国总工会第十七届执行委员会 第四次全体会议

委员提案

标　　题：关于将民间手艺人纳入工匠管理服务的提案

提 案 人：刘志刚

工作单位：山西省太原市晋源区总工会

通信地址：山西省太原市晋源新城晋源区总工会

邮政编码：030025

联系电话：0351-6592968　18835108000

联 名 人：

关于将民间手艺人纳入工匠管理服务的提案

案由：

散落于城乡的众多民间手工艺从业人员是我国社会主义劳动者大军的有机组成部分。这一群体的特点是具有某一行业传统技艺，规模体量较小，团队成员较少，收入水平较低，相当一部分人为了谋生，还拥有第二职业。对其进行关心关爱、扶持引导是新时代各级工会组织贯彻习总书记关于工人阶级和工会工作重要论述，夯实改革创新基础，补齐人才发展短板，优化工匠人才结构，壮大工会队伍力量，促进实体经济复苏，推动我国经济社会高质量发展，是我们义不容辞的责任和义务；也是弘扬工匠精神，讲好工匠故事，厚植工匠文化，促进民间工匠人才往外走、往前走、往快走的突出课题；更是践行中国智造方略最深沉、最根本、最持久的历史之问、时代之需、未来之基。

情况分析：

习总书记曾指出，基层工会离职工最近，联系职工最直接，服务职工最具体，是工会工作的基础和关键。要从巩固党执政的阶级基础和群众基础的高度出发，始终坚持正确方向，不断创新工作方法。应着力扩大覆盖面，增强代表性；着力强化服务意识，提高维权能力；着力加强队伍建设，提升保障水平；切实增强工会组织的凝聚力。

山西是文化旅游大省，民间手工艺人分布范围广，是本次调查样本采集的主要区域。通过座谈走访、问卷调查等多种形式，开展工匠课题研究。我认为，散落在民间的众多手艺人是中国优秀传统文化的继承者和弘扬者，是坚定文化自信的重要力量，是展现中国精神、中国智慧、中国力量的文明使者，是实现中华民族伟大复兴的中国梦不可或缺的组成部分。在转型发展的新形势下，由于主客观因素制约，这部分弱势群体在谋生过程中普遍面临发展环境方面的约束。因其队伍规模偏小、涉及行业庞杂、吸纳就业有限、创造效益较低，且大多属于作坊式传统生产，容易被社会忽视，不利于最大限度地调动其发展积极性，亟须得到党委、政府、工会及社会各界的重点关注和精准扶持。因此，如何善待这些灵活就业手艺人，把他们纳入工匠管理服务范围，使其成为推动就业创业的一支重要生力军，不仅必要而且紧迫；把灵活就业手艺人纳入工匠管理服务，使其成为丰富群众文化生活的一支活跃先锋队，不仅重要而且有益。

建议和解决办法：

在疫情防控常态化形势下，推动“六稳”“六保”目标任务落实，着力维护民间手工艺人才权益，提升保障服务这一特殊群体的水平，努力探索民间手工艺人才融入工匠管理服务的创新治理体系和治理能力，构建起常态、长效、良性、持续、有机的生态系统，为提升中华文化软实力，建设文化强国提供人才支撑，各级工会应该坚持系统性思维，从以下十个方面打出组合拳，推动其蓬勃向上健康发展。

一、争取党政支持。坚持党的领导，加强思想政治引领。通过工匠学院和工会干校、工匠讲堂等渠道，组织政治理论学习和业务考察交流，团结带领民间手艺人听党话，跟党走。应当建立集体学习培训和个体档案成长机制，鼓励支持一批文化特色浓、品牌信誉好、市场竞争力强的手工艺匠人把产品做大做强做精。以市场需求为导向，整合优化升级原始的工匠产品，做到实物与数据双重价值的统一。各级工会可积极建议党委、政府、人大、政协等组织力量开展民间工匠课题研究，探索吸收优秀工匠进入各层级党政智库专家咨询团队，推进工匠产业的转化和生成模式，实现可借鉴、能复制、易推广的机制。通过调查研究，及时分析当前各类工匠所面临的痛点、难点、焦点问题，提出发展方向、转型思路、未来出路等相关对策。既关注扩大民间工匠人才的数量，做大分母；更重视提升民间工匠人才的质量，做强分子。写好产业生态培育这篇大文章，推动民间工匠产品融入全国、全球产业链供应链。为国家文化软实力根基更加坚实、中华文化国际影响力明显提升贡献智慧力量。太原市晋源区总工会联合山西财经大学统计学院现已完成以《晋源工匠调查——工会如何为工匠人才建家赋能》为题的课题研究。在总结经验，推动工作方面，示范效果较为明显。建议将扶持工匠产业发展纳入各级工会"十四五"发展规划并认真实施，同时相应配套出台三年行动计划和实施办法，创建灵活就业手艺人纳入工匠管理服务的先行试验区。与此同时，各级工会应与宣传、统战、人社、工信、科技、文旅等党政部门凝心聚力，出台激励政策，形成合力，共同发力，建立专项联席会议协商机制。为提升工匠人才地位，各级政协工会界别，可吸收其代表人士参加，为工匠事业发声代言。建立工会干部包保责任制，高质量服务，精准化帮扶，建立动态"1+1+N"考核评估机制。

二、营造舆论氛围。兼顾传统媒体和新媒体，运用抖音、快手等视频号互联网渠道，广泛宣传工匠事迹和作品，推出一批网红工匠，建立精准传播推介与转化反哺循环机制，创新社群运营线上线下融合方式，构建与有影响力的主流和新媒体战略合作机制。对民间手艺人中的佼佼者进行形象包装，品牌塑造。用“工匠精神”滋养文艺创作，善于从工匠资源库中提炼题材、获取灵感、汲取养分，把工匠文化中的有益思想、艺术价值与时代特点和要求相结合，运用丰富多样的艺术形式进行当代表达，推出一大批底蕴深厚、涵育人心的优秀文艺作品。建议全总层面积极探索设立“工匠节”，使其成为全社会关注工匠技艺、弘扬“工匠精神”的公众活动日。真正促进在全社会倡导形成尊重工匠、学习工匠、争当工匠的社会风尚，掀起学习“工匠精神”热潮，使“劳动光荣、技能宝贵、创造伟大”理念深入人心。让“执着专注，精益求精，一丝不苟，追求卓越”的工匠精神在社会各行各业落地生根、开花结果。

三、推动组织建设。各级工会干部要转变作风，多做雪中送炭之事。善于走进民间手工艺人才中间，同他们打交道、交朋友。推动各种民间工匠团体、协会、联盟以及工作室有序发展，引导其走向“六化”组织建设，即专业化、市场化、品牌化、品质化、信息化、共享化，并建立组织职业化发展与评价公开对标机制。条件成熟的地方，可以探索成立工匠联合工会组织，纳入工会系统统一管理服务序列。

四、兴办活动阵地。民间手工艺人从“活下去”到“活得好”，离不开有效的阵地支援、支持、支撑。应当以职工“五小”技能创新竞赛为载体，建平台、搭舞台、摆擂台，激发小众化、个性化、特色化见长的民间手艺人潜能尽情释放，进步成长。探索建立线上线下平台运营和项目管理及共治的机制，让艺术生活化，让生活艺术化。积极创建工匠孵化园、工匠综合体、历史文化街区工匠一条街、古村落居民工匠工作室等，鼓励民间工匠人才创办特色博物馆、特色店铺。创新生产地即消费地，推动前店后厂、房里屋外、楼上楼下、线上线下的多形态工匠空间。形成多个工匠“根据地”，扩大工匠“朋友圈”，确保工匠活动阵地多元化、立体化、特色化，既有广度又有纵深。

五、构建人才体系。健全培养、使用、评价、激励机制，全面推动国家级、省部级、地市级、县区级“四级”工匠选树活动，引领创优工匠的企业标准、地方标准、国家标准的建设，制定新时代工匠标准实施细则。由各级党委、政府将其纳入高技能人才管理序列，定期对其进行命名表彰，给予其与劳模同等社会地位，“名利双收”，受到尊崇和厚待，成为被全社会追捧的“明星”。如，山西太原 2020 年劳模表彰与第三届“晋阳工匠”命名大会就是同时举办的，释放出劳模工匠广受尊崇的强烈信号。从 2019 年第二届起，太原市委、市政府明确“晋阳工匠”奖金为 5 万元，对工匠是一个不小的鼓舞。太原市晋源区敞开大门，欢迎工匠人才入住人才公寓。目前，各级工会当务之急是有针对性地解决工匠人才总量不足、底数不清、结构不优、政策红利释放不充分等问题，下决心建立大数据人才库，为工匠建档立卡，实现数据信息化建设，实现人才的分类、动态、深挖、提效，适时出台工匠特定的数据管理细则，推进算法，催生新业态、新模式。降低申报门槛，畅通工匠晋升渠道，使更多民间匠人脱颖而出，当好主人翁，建功新时代。推荐困难工匠充分就业或提供公益岗位，首先解决其吃饭问题，确保工匠手艺不失传、不断档、不减色。关注“匠二代”需求，培养造就一批能够担得起民族复兴大任的新生代工匠。

六、提供资金保障。报请同级党政联席会议同意，由工会牵头，推动建立工匠发展基金，建立对第三方管理基金聘请与考核机制。采取政府、工会与民间力量相结合的方式，遵循“工会推动，市场撬动，各方联动”的原则，引导社会闲散资金健康流向，为民间工匠产业筹措发展基金，推动“孵化器研发、加速器优化和基地实践”三位一体互建机制及良性格局生成。各类技能竞赛涌现出的项目，可以通过该项基金重点扶持。

七、密切产业对接。围绕党的十九届五中全会提出构建新发展格局要求，推进民间工匠产业由政策性扶持到市场化运作的转型跨越。主动拥抱市场，积极对接市场，精心运作市场。鼓励工匠参与科技创新，申报发明专利；开展知识产权保护行动，推动手工艺人才切磋交流技艺，开展品牌跨界合作；加强与5G技术、人工智能、大数据、工业互联网等现代科技的对接和运用。组织各种培训交流、研学课堂、展会展览、文创集市、线上推介等活动，大胆进军文博会、进博会等大型平台。拓建泛会展嵌入式专题合作平台，同步实现以互联网为基础依托的生产方式变革和生活方式的重塑。推动实施一批行业性、区域性、专业性交流合作项目，重塑工匠价值链、产业链、供应链的集中、集约、集创和集群生态系统。积极创造条件，开展“一带一路”等国际间工匠项目合作交流活动，构建“匠交所”线上交易平台，参与“东家·手艺人”等文创平台，让民间工匠广开眼界，主动融入和提升本领，共享中国市场与世界市场。在国内大循环和国际国内双循环中体现价值，彰显作为。

八、深化文旅融合。手工艺人才代表往往具有高超独到的技艺，承载着民族发展融合过程中的文化脉络，彰显出中华文化魅力。手工艺作品是民族文化的具象体现。各级工会可与宣传、文旅、农业农村、市场监管、商务等党政部门深化交流、加强合作，将工匠与手工艺技艺产品与文化旅游市场有机结合。工匠填充景区内容，景区给予工匠生存空间，互利双赢，共同促进后疫情时代文旅市场持续繁荣。在实施城市化和乡村振兴双轮驱动战略中，让民间手艺人才亮相登台，提炼精选一批突显当地文化特色的经典性元素和标志性符号，融入城乡规划设计、人居环境建设当中，体现中国特色、中国风格、中国气派。

九、保护传承技艺。工会组织应当扛起责任，主动与文旅部门、各地高校，尤其是艺术类院校开展工匠技艺保护传承方面的研讨合作。这是因为，一方面，工匠技艺由于生存现状得不到很好的传承，往往面临技艺失传的窘境；另一方面，大量的工美类高校学生需要更多的劳动教育实践和学习机会。推动工匠技艺走进高校，或让高校学子作为志愿者参与非遗小镇、历史文化街区、工匠工作室等场所研学体验，引导青年一代特别是职工志愿者加入各地工匠文化技艺保护传承行列，有助于促使传统工艺焕发出新的创作热情和旺盛的市场活力。

十、帮扶困难工匠。加强顶层设计，体现人文关怀。对传承价值较高，传承人本人及家庭经济条件特殊困难的情形，应当发挥工会组织制度优势，对符合条件的手工艺人才给予专项资金困难帮扶救助。让处于生活困境中的手艺人充分感受到工会组织的温暖。

调查后记

我们怀着敬畏、虔诚、理性、平和的心态，在一年有余的时间里，通过寻根究底、解剖麻雀式的工作方法，完成了这部体量为13篇49节，旨在为民间工匠发声代言的调查报告。现在回过头来看，调查的成果是喜人的，虽然我们所做的一切还只是初步的。

“工匠”，是近年来神州大地上广为传播的一个热词。工匠这一群体是活化中华传统文化技艺的灵魂和脊梁。“工匠精神”更是与“劳模精神”和“劳动精神”并提，被全社会大力倡导弘扬。站在已然开启社会主义现代化国家建设新征程的两个百年历史交汇点，朝着实现中华民族伟大复兴的中国梦前进，离开了工匠们的热情推动，离开了高质量发展这个永恒主题，我们还有别的选择吗？

晋源新区风华正茂，各项事业发展方兴未艾。这片沃土上具有文旅发展成熟和科技产业得天独厚的有利条件和比较优势。围绕挖掘丰富的文旅和科技资源，不乏一道参与谋划、创造、前行的能工巧匠。可怎样才能把这些散落于民间的力量组织起来，提高其活跃度和影响力，从而有效融入市场主体，发挥最大效应，是我区各级工会组织围绕中心、服务大局的职责所系，使命所在。

从2016年至今，不到五年的时间里，在区委、区政府重视支持和上级工会的关心指导下，晋源区职工创新和工匠选树工作蹄疾步稳，次第花开，取得了职工群众拥护、社会各界瞩目的骄人成绩。通过工会所搭建平台持续发酵，有机融合，涌现出一大批含金量、含新量、含绿量颇高的省市级职工创新工作室和数量颇丰的“晋阳工匠”和“晋源工匠”，为提振晋源实体经济注入了鲜活的工会力量。本调查报告试图揭秘和讲述这些创新人才和工匠鲜为人知的故事，从不同侧面解读和回答了“工匠多产为什么是晋源”“晋源工匠和职工创新人才为何这么牛”这些现实问题。其实，在推动职工创新和工匠选树之路上，我们没有秘密和密码，但最有勇气喊出那句：“芝麻开门！”或“紧跟创新坚持”六字诀，正是我们通往成功的一把金钥匙。

撰写调查报告的过程中，我们的心情是喜忧参半的。一方面，感受到一部分先期觉醒工匠人才搭乘“复兴号”工会平台奋进新时代，在各个领域均有成就和建树；另一方面，体会到占比还不在少数的工匠人才在创新创业路上的万般艰辛。目前，他们还面临着诸多靠自身力量难以逾越的鸿沟和难以化解的问题。因而，我们的内心充满愧疚与自责，我们还需要不断检视与检讨，及时予以帮助。值得欣慰的是，我们在以统计学的视角去分析工匠面临的痛点和关注的焦点等方面取得了突破，初步寻找到了一些规律性的特点，为下一步由各级工会牵头推动，拓展服务触角，上下左右形成合力，破解瓶颈难题创造了条件，提供了遵循。从这一意义上说，解读“晋源工匠现象”的尝试是有积极意义的。

客观地讲，在充分展示晋源艺、晋源韵、晋源牌道路上，在营造有益于工匠成长小气候，推进工匠事业高质量发展的过程中，我们虽然啃下了许多硬骨头，但仍有不少硬骨头需要去啃。地处黄土高原上的工匠真正迎来“C 位”时代，拥有诗和远方，工会人、工会友还需要知责于心，担责于身，履责于行，加倍付出努力。在立足新发展阶段，贯彻新发展理念，构建新发展格局进程中，我们应该向竹子学习，它们在幼苗阶段用时 4 年，仅长了 3 厘米，但在第 5 个年头却以每天 30 厘米的速度疯狂生长。到后来，仅用 6 周时间，就可以长 15 米。之前的努力，姑且叫作“扎根”吧。

中国已经迈入大有希望的“十四五”。弘扬工匠精神，讲好工匠故事，厚植工匠文化，活跃工匠队伍，壮大工匠产业，使工匠这支队伍更加主动，更为有效地融入国家和区域发展战略，成为坚定文化自信的柱石与长城，作为“娘家人”和“贴心人”，各级工会组织和广大工会干部所肩负的职责光荣而神圣。

阳光照进新一年。在经历了鼠年新冠肺炎疫情风雨之后，即将步入的农历牛年，对于所有中国人而言，更加值得期待。感谢中华全国总工会劳动和经济技术部王晓峰部长热情鼓励，感谢省总、市总领导充分肯定，感谢众多“晋阳工匠”“晋源工匠”的热情参与和晋源区总工会智库专家团队及课题组同事的辛勤付出。感谢山西新闻界朋友、山西新华印业潘振明学友和京品学院京总的鼎力支持。寇红梅参与了整部书稿后期编校工作，并付出了心血。通过本次调查，我有一个惊人的发现，你们在编者心目中的位置是不可替代的。

编者

2021 年 1 月

图书在版编目（CIP）数据

“晋源工匠”调查报告：工会如何为工匠人才建家赋能 / 山西省太原市晋源区总工会编著. -- 北京：中国工人出版社，2021.6
ISBN 978-7-5008-7670-0

Ⅰ.①晋⋯ Ⅱ.①山⋯ Ⅲ.①工会工作—研究—太原 Ⅳ.①D412.825.1

中国版本图书馆CIP数据核字（2021）第106267号

“晋源工匠”调查报告：工会如何为工匠人才建家赋能

出 版 人 王娇萍
责任编辑 姚 宁
责任印制 黄 丽
出版发行 中国工人出版社
地　　址 北京市东城区鼓楼外大街45号　邮编：100120
网　　址 http://www.wp-china.com
电　　话 （010）62005043（总编室）　（010）62005039（印制管理中心）
（010）62379038（社科文艺分社）
发行热线 （010）62005996　82029051
经　　销 各地书店
印　　刷 北京市密东印刷有限公司
开　　本 710毫米×1000毫米　1/16
印　　张 16
字　　数 170千字
版　　次 2021年7月第1版　2021年7月第1次印刷
定　　价 38.00元